中华复兴之光
深厚文化底蕴

兴盛体育项目

杨宏伟 主编

汕头大学出版社

图书在版编目（CIP）数据

兴盛体育项目 / 杨宏伟主编. -- 汕头 : 汕头大学
出版社，2016.1（2020.6重印）
　　（深厚文化底蕴）
　　ISBN 978-7-5658-2390-9

　　Ⅰ．①兴… Ⅱ．①杨… Ⅲ．①项目（体育）—介绍—
中国 Ⅳ．①G808.22

中国版本图书馆CIP数据核字(2016)第015351号

兴盛体育项目　　XINGSHENG TIYU XIANGMU

主　　编：杨宏伟
责任编辑：任　维
责任技编：黄东生
封面设计：大华文苑
出版发行：汕头大学出版社
　　　　　广东省汕头市大学路243号汕头大学校园内　邮政编码：515063
电　　话：0754-82904613
印　　刷：北京中振源印务有限公司
开　　本：690mm×960mm 1/16
印　　张：8
字　　数：98千字
版　　次：2016年1月第1版
印　　次：2020年6月第3次印刷
定　　价：32.00元
ISBN 978-7-5658-2390-9

前　言

党的十八大报告指出："把生态文明建设放在突出地位，融入经济建设、政治建设、文化建设、社会建设各方面和全过程，努力建设美丽中国，实现中华民族永续发展。"

可见，美丽中国，是环境之美、时代之美、生活之美、社会之美、百姓之美的总和。生态文明与美丽中国紧密相连，建设美丽中国，其核心就是要按照生态文明要求，通过生态、经济、政治、文化以及社会建设，实现生态良好、经济繁荣、政治和谐以及人民幸福。

悠久的中华文明历史，从来就蕴含着深刻的发展智慧，其中一个重要特征就是强调人与自然的和谐统一，就是把我们人类看作自然世界的和谐组成部分。在新的时期，我们提出尊重自然、顺应自然、保护自然，这是对中华文明的大力弘扬，我们要用勤劳智慧的双手建设美丽中国，实现我们民族永续发展的中国梦想。

因此，美丽中国不仅表现在江山如此多娇方面，更表现在丰富的大美文化内涵方面。中华大地孕育了中华文化，中华文化是中华大地之魂，二者完美地结合，铸就了真正的美丽中国。中华文化源远流长，滚滚黄河、滔滔长江，是最直接的源头。这两大文化浪涛经过千百年冲刷洗礼和不断交流、融合以及沉淀，最终形成了求同存异、兼收并蓄的最辉煌最灿烂的中华文明。

五千年来，薪火相传，一脉相承，伟大的中华文化是世界上唯一绵延不绝而从没中断的古老文化，并始终充满了生机与活力，其根本的原因在于具有强大的包容性和广博性，并充分展现了顽强的生命力和神奇的文化奇观。中华文化的力量，已经深深熔铸到我们的生命力、创造力和凝聚力中，是我们民族的基因。中华民族的精神，也已深深植根于绵延数千年的优秀文化传统之中，是我们的根和魂。

　　中国文化博大精深，是中华各族人民五千年来创造、传承下来的物质文明和精神文明的总和，其内容包罗万象，浩若星汉，具有很强文化纵深，蕴含丰富宝藏。传承和弘扬优秀民族文化传统，保护民族文化遗产，建设更加优秀的新的中华文化，这是建设美丽中国的根本。

　　总之，要建设美丽的中国，实现中华文化伟大复兴，首先要站在传统文化前沿，薪火相传，一脉相承，宏扬和发展五千年来优秀的、光明的、先进的、科学的、文明的和自豪的文化，融合古今中外一切文化精华，构建具有中国特色的现代民族文化，向世界和未来展示中华民族的文化力量、文化价值与文化风采，让美丽中国更加辉煌出彩。

　　为此，在有关部门和专家指导下，我们收集整理了大量古今资料和最新研究成果，特别编撰了本套大型丛书。主要包括万里锦绣河山、悠久文明历史、独特地域风采、深厚建筑古蕴、名胜古迹奇观、珍贵物宝天华、博大精深汉语、千秋辉煌美术、绝美歌舞戏剧、淳朴民风习俗等，充分显示了美丽中国的中华民族厚重文化底蕴和强大民族凝聚力，具有极强系统性、广博性和规模性。

　　本套丛书唯美展现，美不胜收，语言通俗，图文并茂，形象直观，古风古雅，具有很强可读性、欣赏性和知识性，能够让广大读者全面感受到美丽中国丰富内涵的方方面面，能够增强民族自尊心和文化自豪感，并能很好继承和弘扬中华文化，创造未来中国特色的先进民族文化，引领中华民族走向伟大复兴，实现建设美丽中国的伟大梦想。

目 录

蹴鞠游戏

角抵运动

马球活动

蹴鞠游戏

蹴鞠又叫"蹋鞠""蹴球""蹴圆""筑球"和"踢圆"等，"蹴"就是用脚踢，"鞠"就是皮制的球，因此，"蹴鞠"连在一起就是用脚踢球的意思。

蹴鞠是我国一项古老的体育运动，它有直接对抗、间接对抗和白打三种形式。

蹴鞠的起因可能是为了锻炼人们的腿部力量，它属于古代军事训练的项目。

先秦时蹴鞠的起源传说

公元前307年，那是我国古代的战国时期，赵国的君主赵武灵王想进行改革，推行了一种叫作"胡服骑射"的做法。

武灵王计划使赵国人都学会骑马射箭，这样就能让赵国的国力更加强大了。所以他经常带着亲信们骑马到城外去打猎，或是指导百姓们骑马射箭，很是忙碌。

有一天，赵武灵王带着他的随从们来到一片树林里，他看到林中有一只肥壮的野兔。赵武灵王想检验一下随从们的骑射和围堵野兔的能力，便大声喊道："都给我上，我要

抓活的！"

随从们纷纷策马扬鞭，兵分四路去追赶野兔。不想野兔在惊吓之中，横冲直窜，竟然从随从们的马蹄下逃走了。

赵武灵王急忙喊道："快下马！都给我追！"随从们便匆匆下马，他们追赶围堵着野兔，偶尔能接近野兔时，便扑上去抓。

但是野兔非常灵活，随从们根本扑不到。于是，有机灵的随从便开始用脚去踢野兔，但最后他们仍然是一无所获，抓不到野兔。

众人摇头叹息，赵武灵王也是闷闷不乐的。旁边一个谋士突然眼前一亮，他上前献计说："大王，这种围堵踢打野兔的游戏非常有趣，我们不妨用个东西来代替兔子，让随从们好好练练身手，这样的话他们即便不出宫门，也可以天天锻炼了。"

赵武灵王觉得这个主意非常好，他不禁喊道："好主意！那这件事就交给你全权负责吧！"

后来那个谋士便想到用一个软软的布包来代替野兔，后来为了让布包能够让人踢得更加顺利，他又将布包改成了圆形。于是，最早的蹴鞠便在我国先秦时期诞生了。

当然，蹴鞠的起源不仅仅这一个传说，还有另外两种说法。曾经有人认为，早在上古时期，我国便出现了蹴鞠运动。

根据人们口口相传的神话传说，上古时期的黄帝为了扩充军队，

他需要公开招聘大量有才能和有本事的人来替他出战沙场。但是因为人太多了，黄帝需要有一个好的选拔方式。

于是黄帝便想出了用一个圆球让士兵们去争抢踢打，这样就可以轻而易举发现其中优秀的士兵了，而这一方法也延续到后来士兵们日常训练的科目里了。

西汉著名文学家刘向在《战国策》上记载了一些蹴鞠活动开展的情况。刘向在他所著的《别录》中写道：

蹴鞠，传言黄帝所作，所以练武士知有材也。

文中的黄帝是上古时期传说中的部落首领，当时还没有文字记载，所有的故事，都是古人们口口相传遗留下来的。

后来，考古工作者在黄河流域新石器时代的遗址中，发掘出很多磨制得非常光滑的石球。这个地区正是当年黄帝部落游牧的地区，这石球与黄帝的传说刚好吻合。所以说，黄帝是有可能创造出简单的踢石球的活动的。

蹴鞠，在我国古代的史籍上也叫作"蹋鞠"，后来唐代的颜师古在他所著的《汉书注》中记载：

鞠是用皮做成，中间塞以毛发，成为圆球，用脚蹴蹋以为戏乐。

关于蹴鞠，最早的记载是在西汉著名文学家刘向所编写的《战国策》一书中。此书记载，苏秦自从当了赵国丞相，为了联络齐国与赵国共同抵抗秦国，他便去求见齐宣王。

苏秦对齐宣王说："齐国是一个大国，有数十万军队，仅临淄这一个城市就有七万户，人民富庶殷实，都喜欢吹竽、弹琴、斗鸡、走犬、六博、蹋鞠。这样富强的国家，又怎么能俯首听命于秦国呢？"

因此，早在先秦齐宣王时期，也就是公元前300年左右，就已经有了蹴鞠这项运动，所以蹴鞠在我国已经有了2300多年的历史了。

这段文献说明，早在战国时期的齐国临淄城中，就已经较为广泛地开展了蹴鞠活动。刘向在他所著的《战国策》中的原文是：

临淄甚富而实，其民无不吹竽鼓瑟，弹琴击筑，斗鸡走狗，六博踏鞠者。

所以人们认为，蹴鞠起源于春秋齐桓公时期，蹴鞠最早应该是齐国训练军队的一个运动项目，后来逐渐传入民间。因为蹴鞠的娱乐性和对抗性逐渐被民间接受，所以蹴鞠就开始流行开来了。

但是根据文献记载，蹴鞠真正在经济较为发达的市井上出现，则是在战国早期的齐宣王时代。

在春秋战国时期，齐国的临淄城作为当时最大的商业城市，它也成了一个手工业重镇。

根据古代佚名著作的书籍《考工记》中记载，当时临淄的皮革业十分发达，缝纫行业也十分繁荣，这也为蹴鞠的生产提供了一定的可能性。因此，蹴鞠这项体育运动在先秦时期的齐国民间已经十分普及了，并且这项体育活动已经开始从北方地区逐渐向南方地区推广了。

其中最主要的就是，蹴鞠从只有军队训练转到民间娱乐的逐步普及过程，才是这项活动发展史上最重要的方面。

知识点滴

唐代的文学家颜师古提到了先秦时期的蹴鞠形制，他说："鞠，以韦为之，中实以物。"

根据这段文献记载，先秦时期的蹴鞠是人们利用皮革加以简单缝制的，并且用一些毛发等松软的物品填充在里面，做成一个球的形状。

当然，这些资料都反映出，至少从我国战国末期开始，就已经有了蹴鞠这项体育活动，同时有了蹴鞠这个正式的名字。

秦汉时蹴鞠的蓬勃发展

那是西汉的建元初期，汉武帝刘彻当时还不满16岁。因为汉武帝刘彻年龄还小，当时是由太皇太后窦氏执掌朝政的，文武百官都听从太皇太后窦氏的话，却不把小皇帝刘彻放在眼里。

刘彻为此很是忧心，他既不想得罪太皇太后窦氏，同时又希望自己能够在文武百官中建立威信，他便整日冥思苦想，终于想找一个两全其美的解决办法。

因为太皇太后窦氏非常喜欢看蹴鞠比赛，她经常让小皇帝刘彻下诏令宫外市井中的少年进宫蹴鞠给她看。刘彻不敢违背太后的意愿，他听从了太皇太后窦氏的懿旨，下诏把那帮少年招进皇宫。可是

那群大臣们不仅不反对，相反还说很多好听的话来奉承太皇太后。

太尉田蚡说："看蹴鞠比赛可以让皇太后变得年轻漂亮，太皇太后应该多看看，这样有益于太皇太后的身体健康。"

丞相窦婴说："皇上以蹴鞠孝敬太皇太后，自古以来没有哪一位天子的孝心能胜过当今圣上的了。"

大臣董贤也说："蹴鞠是古传的技艺，我们理应将它发扬光大。"

汉武帝刘彻对这些话很是反感，他知道这班人是在拍马屁，为的只是讨好太皇太后。

这一天是农历正月十五，正是元宵佳节之日，太皇太后窦氏由小皇帝刘彻陪着来到玄武门，窦婴、田蚡等大臣们分列两侧。

玄武门前的场中，两队市井的蹴鞠者正在卖力地踢着，太皇太后窦氏看得十分高兴。小皇帝刘彻灵机一动，他想到了一个好办法，能让自己既在百官中建立威信，同时又可以让太皇太后窦氏高兴。

刘彻等场内的蹴鞠对抗赛结束以后，他把大臣窦婴、田蚡和董贤等10位老臣叫上前来，他问道："你们也很喜欢蹴鞠吗？"

大家齐声答道："喜欢！"

汉武帝说："既然你们都喜欢，朕就命你们上场进行蹴鞠表演，也让皇太后开开心。"

窦婴等大臣们心中暗暗叫苦，他们却无可奈何，只能听命上场去比赛了。汉武帝把这10位老臣分为两帮，使窦婴和田蚡各带领4人对抗蹴鞠，自己则作为裁判官。

这些老臣年纪都在50岁以上，最大已经60多岁了，而且他们根本不会踢蹴鞠，再加上他们的体质又差，还穿着朝服，哪里跑得动？

不一会儿，不是这个跌倒，就是那个摔跤，一个个就只剩下气喘吁吁的份儿了。最后，窦婴、田蚡等几个年长者，都已经累得趴在地上一动不动了。

太皇太后窦氏看着这些老臣在场上磕磕绊绊的样子，她的眼泪都快笑出来了。最后太皇太后实在笑累了，她又看到几个老臣都趴在了地上，便对汉武帝刘彻说："孙儿，算了吧，这次就饶过他们吧！"

于是，汉武帝刘彻就停止了蹴鞠比赛。他这样戏耍了老臣一番后，再没有大臣敢违背他的意愿了，他在百官中也因此建立了独一无二的威信。

我国蹴鞠发展源远流长，其间在汉代有很多关于蹴鞠的逸闻，这些成为了蹴鞠史上的趣事，这些趣事大大丰富了蹴鞠运动的历史与文化内涵。

在西汉时期，项处是第一个因为蹴鞠而名垂史册的人。根据西汉著名文学家司马迁所著的《史记·扁鹊仓公列传》记载，名医淳于意曾经

为项处看过病，淳于意还叮嘱项处不要整日去玩蹴鞠，说这样会过度劳累的。但是项处不听，他仍然外出踢球。后来项处果然身染重病了。

秦汉时期的蹴鞠有3种基本形式，也就是直接对抗、间接对抗和白打。后来汉代著名学者李尤写了一篇《鞠城铭》，其中就记录和描述了当时人们玩蹴鞠的形式方法、裁判规则和道德规范等，这对后世蹴鞠的影响非常巨大。

到了西汉初年，蹴鞠也得到贵族阶层的喜爱。汉代文学家恒宽所写的《盐铁论》中说：

贵人之家，蹋鞠斗鸡，康庄驰逐，穷巷蹋鞠。

蹴鞠正式定名并经过初期的发展后，到汉代已经发展成为一项非常专业化的运动。这时候的蹴鞠，从宫廷到民间，从军队到市井，都非常兴盛。

据说，汉高祖刘邦的父亲早年曾经是一个蹴鞠的高手，刘邦当了皇帝以后，他的父亲一天到晚踢不着鞠而十分郁闷。后来东晋著名文学家葛洪在他所著的《西京杂记》中记载：

> 高祖窃因左右问，正以生平所好，皆屠贩少年，斗鸡蹴鞠以为欣，今皆无此，故不乐也。

这便是说，汉高祖刘邦的父亲刘太公，原来只是楚国沛县丰邑的一个庶民。刘邦自从当了皇帝之后，他把刘太公接到了长安城的未央宫中养老。

老人吃的是山珍海味，穿的是绫罗绸缎，住的也是豪华的宫殿，看的是歌舞伎乐，但他对此并不满意，却整天闷闷不乐。

于是，刘邦派亲信到刘太公处打听，原来刘太公自幼生活在城市下层，他接近的都是贩夫走卒和屠狗杀牛之辈，他以前的娱乐活动就是斗鸡和蹴鞠。而现在虽然住在未央宫里，却没有了过去的老朋友，没有斗鸡和蹴鞠，所以刘太公总是闷闷不乐。

于是，刘邦就下了一道圣旨，他在长安城东百里之处，仿照原来沛县丰邑的规模，造起一座新城，把原来丰邑的居民全部迁住在新城里，刘太公也迁到那里。从此，刘太公又可以每日斗鸡和玩蹴鞠了，他这才心满意足。

相比之下，后来的汉武帝刘彻就更喜欢蹴鞠了。汉武帝在东部巡狩，封禅过泰山之后，他意兴所致，也很喜欢踢上几脚蹴鞠。据说，汉武帝刘彻为了让人们知道还让文官们写赋来赞颂自己。

后来汉武帝平定西域后，他还得了一个西域的蹴鞠高手，那个人身长健硕，蹴鞠的技艺十分了得，汉武帝对他非常喜爱，这样便有了史书中这段记载：

盖炫其便捷跳跃，帝好而为之。群臣不能谏。

三国时期的著名政治家曹操也是一个踢球高手，据古籍记载，当时有个叫孔桂的人，他蹴鞠玩得实在太好了，所以曹操对他非常喜爱，便让他每日相伴左右，很是看重他。

还有晋代著名的文学家虞预编写的《会稽典录》，其中有这样的记载：

三国鼎峙，互兴金革。士以弓马为务，家以蹴鞠为学。

这便是说在三国时期，几乎家家户户都在练习蹴鞠，可见三国时期蹴鞠是非常流行的。

在汉代初期的长安，汉高祖刘邦兴致勃勃，他观赏着长安蹴鞠队和洛阳蹴鞠队的比赛。双方展开激烈对抗，蹴鞠选手们在赛场中卖力比赛，旁边有记分台，甚至还有宫女们在旁边加油呢。

在汉代，蹴鞠仍然保留着军事训练的用途，但由于汉高祖刘邦的推行，蹴鞠已经发展成一项非常专业的体育运动了，并且它已经有了比较健全的比赛规则。

汉朝皇室中蹴鞠队规模很大，还有专门的球场，四周还有围墙和看台，蹴鞠所用的球则是实心的。

据说，汉成帝本人也非常喜欢踢蹴踘，所以在当时，蹴鞠已经发

展到了一定的规模。比如，汉成帝时期已经有了比较正规的蹴鞠比赛和规则，双方各有12名队员参加，然后以双方踢入球门的球数多少来决定胜负，这些规则的确立，对后世蹴鞠的发展影响极其深远。

在蹴鞠规则方面加以改进，这就成为早期蹴鞠制造工艺最主要的一个演变方向，这可以说是蹴鞠取得初步发展的最重要方面之一。

汉代蹴鞠的发展可能是为了锻炼人们的腿部力量，它是一种属于军事上训练的活动。人们通过不断玩蹴鞠的实践，才逐步改进蹴鞠游戏的规则，使人们感到踢球也是一种很好的娱乐。

在汉代，人们把蹴鞠和"吹竽""弹琴""斗鸡""走犬"和"六博"等都当作娱乐活动的，其中蹴鞠的地位非常高。

当然，汉代也已经有了关于蹴鞠专业的书籍，比如《蹴鞠二十五篇》就是东汉时期的名作。东汉著名文学家班固在写《汉书·艺文志》时，他把《蹴鞠二十五篇》列为兵书，属于军事训练的技巧类，可见蹴鞠在当时的地位非常高了。

汉代还有一个现象就是，不仅男人玩蹴鞠，女人也喜欢玩蹴鞠。通过一些考古资料我们就能看到当时女人玩蹴鞠的记载，这首开了我

国女子玩蹴鞠的先河。

还有，当时的蹴鞠已经有了专门的比赛场地，也就是"蹴城"，而且还对比赛的人数和规则都有非常明确的规定。并且当时还有了正副执法的蹴鞠裁判，可以说汉代的蹴鞠运动是越来越规范和完善了。

汉代的蹴鞠活动，已经形成了一套专业的竞赛规则。东汉有一位名叫李尤的文人，曾经写过一篇《鞠城铭》，这是当时镂刻在蹴鞠场奠基石上的铭文。这篇文章虽然短小，却能较全面地反映汉代蹴鞠竞赛的基本情况。

这篇铭文最早见于唐代文学家欧阳询编辑的《艺文类聚》中，根据《艺文类聚》中收录的《鞠城铭》，其原文说：

> 圆鞠方墙，仿象阴阳。法月衡对，二六相当。建长立平，其例有常。不以亲疏，不有阿私。端心平意，莫怨是非。

这说明，当时已经有专门的球场了，在球场的四周围着方墙，它象征着天圆地方，阴阳相对。人们在蹴鞠竞赛中，效法月份，双方各有6人参加，总共12人进行对阵互相抗衡，这被称为"法月衡对，二六相当"。

在汉代，由于是有一定规则的竞赛，因而要设置裁判员建立公正的标准，对于裁判的判罚，也有约定俗成的常规。

担任裁判的人，不能亲一方而疏另一方，裁判要公正。同时，对参赛队员的要求是心平气和地服从裁判，不要抱怨裁判的裁决。

汉代蹴鞠所用"鞠"，也出现了专业制作方法。在汉代，鞠也叫作毛丸。汉代著名文学家应劭在他所著的《风俗通》中记载说：毛丸谓之鞠。后来，晋代文学家郭璞在他所著的《三苍解诂》中说："鞠，毛丸，可踏戏。"

汉代蹴鞠运动已经广为普及了。它既是一种军事训练手段，同时在民间普及也更为广泛。在军事上，它作为一种训练手段受到了汉代军事家重视。

由于蹴鞠活动可以增强体力，培养勇敢耐劳精神，因而也被汉代统治者当作了一种很好的训练手段，来达到军事训练的目的。

汉代著名学者刘向在他所写《别录》中有这样的说法：

蹴鞠，兵势也，所以练武士知有材也，皆因嬉戏而讲练之。

这里提到，汉代人用蹴鞠来练兵，因为这样能使士卒们对锻炼更加有兴趣。士卒们从蹴鞠活动中不仅训练了体力，还体会了实战中的攻守意识，而且最主要的是他们在比赛中也能得到欢乐。

后来，刘向的儿子刘歆，在他所写的《七略》一书中也指出，蹴鞠是通过游戏的手段来训练士兵的，军队或者宫廷的侍卫们，在没事的时候就经常玩蹴鞠，以达到锻炼的目的。

还有，在当时蹴鞠不仅是军队平时的训练项目，就连在打仗的时候，人们也要玩蹴鞠。东汉著名史学家班固所著的《汉书·霍去病传》中，就曾经有这样的记载：

霍去病在塞外领兵打仗，由于军粮不足，士气低落，霍去病就用蹴鞠振奋士气。

这也就是说，在汉代时，普通人家的男子几乎都要应征从军。而在当兵期间，蹴鞠一类活动是经常进行的。正是因为这样，军人返乡后，也就促进了蹴鞠的进一步的民间化。因此，在民间无论是官宦人家还是普通百姓，蹴鞠都已经成为了一种时尚。

后来，考古工作者发现许多汉代画像石上，都有表现汉代民间蹴鞠的画面，这也反映出了蹴鞠已经成为汉代一种民间化的运动项目了。

还有，女子蹴鞠在汉代就已经出现了。汉代女子蹴鞠活动的出现，一方面是由于蹴鞠活动的进一步普及，另一方面也由于蹴鞠运动形式的多样化。

同样，在汉代画像石中，经常出现女子玩蹴鞠的场景。有一幅南阳出土画像石上，一个女子蹴鞠者正在锣鼓舞乐伴奏下，两脚各踩踏着一个"鞠"，她正与其他乐舞表演者同台表演，其中她的姿态最为优美。而在当时能够做到一个女子同时踩着两个"鞠"，这也说明了汉代女子蹴鞠已经到达一定的规模了。

五岳之中岳嵩山南麓，有建于东汉的一座寺庙，其中庙东门也有一幅女子蹴鞠图。这幅画用线极为简练生动，蹴鞠女动态优美，活泼

可爱，具有舞蹈的韵律感。图中这个头挽高髻的女子，双足跳起，正在凌空跳起踢球，她舞动的长袖轻盈飘扬，姿势非常优美。

这些汉代画像石，证明了我国古代的女子蹴鞠，最迟在汉代就已经首开先河了。

而汉代蹴鞠，由于逐渐规范化和进一步普及，客观上促使其竞赛形式向着多样化发展。当时的蹴鞠，主要有两种，一种是表演性蹴鞠，一种竞技性蹴鞠。

表演性蹴鞠是以表现个人技巧为主的、非对抗的、既可自娱又可供人娱乐的娱乐性活动。而表演性形式，就是后来盛行的蹴鞠白打形式。表演型蹴鞠只需要一小片场地，活动非常方便，而且人们在踢蹴鞠时不受到场地的限制，表演者可以根据自己的技巧在音乐伴奏下踢出各种花样来。

在出土的汉画像石和画像砖上，常常见到这类图案，而且以表现女子蹴鞠的画面为主。这种踢法流行的范围更广，发展更快，在汉代王公贵族、官宦家庭、城市和农村都有。

还有一种就是竞技性很强的蹴鞠，这是在汉代球场上进行的以对抗性比赛为主的蹴鞠。这种蹴鞠比赛多是在专门的"鞠城"一类的露天球场中进行的。

对抗性蹴鞠不仅有锻炼身体、学习军事技能和战术的作用，而且也非常好看，具有很强的观赏性。因此随着时间的推移，在皇帝的宫廷和官宦之家也非常流行这种对抗性蹴鞠活动。

汉代宫廷里蹴鞠多是在室内球场鞠室中进行的。汉魏时期，宫苑内已经建有很多这种竞技性蹴鞠的鞠室。比如当时的洛阳宫、含章宫都有这样的鞠室。这些鞠室地位很高，并且皇帝都会单独取名字的，比如"含章鞠室"和"灵芝鞠室"等。与此同时，在当时的宫廷内也建有室外的蹴鞠场。史书《汉书·故乘传》中记载说：

汉武帝外出巡视时，要参观或参加弋猎、射驭、蹴鞠等活动。

知识点滴

古代圆形的球多以玉石做成，所以"球"字以"玉"作为偏旁，而汉代出现的蹴鞠之"鞠"，却是以皮革做成的，因此"鞠"字是用"革"作为偏旁的。

详细来说，汉代的鞠是一种以熟皮缝制的，然后内填以毛发或其他东西的圆形实心毛丸，汉代的这种球，一直沿用了上千年。

这表明了当时宫廷里蹴鞠设施的完备，也表明了我国汉代的蹴鞠已经达到了比较规范化的程度，这对后世有着非常重要的影响。

唐代蹴鞠形制的改进

唐代贞观年间，长安城百业兴旺。唐太宗李世民心中十分得意，他一有时间就喜欢微服出宫，这样一边可以体察民情，一边可以观看民间娱乐。

有一天，李世民又出来微服私访，他在东郊广场，看到一伙人在玩蹴鞠，场上那些人争抢得非常激烈，他便驻足观看。

这时，场上一个壮汉飞起一脚把"鞠"踢进了鞠门里，"鞠"直奔到唐太宗李世民的脚下。李世民用脚将鞠停住，他低头看了看，觉得这"鞠"的外形非常粗糙，有碍观瞻，于是他便萌生了改造"鞠"的念头。

李世民回宫以后，召见了大将军李靖，让李靖把军中训练用的鞠带了一只来。

第二天，李靖将军中的"鞠"呈上来给李世民看，李世民看了看，这"鞠"是用两块兽皮缝制成的，里面塞满兽毛，外边用绳网兜着，显得非常笨重，弹性也十分差。

李世民问道："爱卿，我大唐军中训练用的鞠，难道都是这样的吗？"

李靖回答道："是的，陛下。"

李世民说："这鞠从春秋战国，到秦、汉、晋和隋，再到我朝，历经近千年，可是仍然没有多大改观。朕想，当今我朝一派繁荣昌盛，再看这鞠，与盛世景象根本不相协调，朕觉得应该改造一下。还有这蹴鞠的游戏方法，也要改革一下，这样才能显出我盛唐的特色。"

李靖回答道："陛下所言极是，臣马上着人落实这件事。"

李靖回去后，立即组织人手。一边研制新鞠，一边研究新玩法。而且在全国征集蹴鞠的改革方案。

一个半月后，新"鞠"改造完成了，而蹴鞠新法也正式出台了。李靖上呈给李世民御览后，李世民对这两项改革十分满意，他当即奖赏了大将军李靖。

新鞠的制作与旧鞠有很大不同，它改用8片尖状兽皮缝成圆团形的壳，这使"鞠"的形体更圆了。还有，"鞠"里面不再充塞兽毛，而是放置猪等动物的膀胱，以作为气囊，再用风箱充满气。这样不仅美观，而且重量减轻，弹性也较好。

最后，蹴鞠的游戏方法也做了更大的改革。两个球门改成了一个，立在了蹴鞠场地的中央，高3丈，上部张挂绳网，网中间留出一个5尺宽的圆洞。

蹴鞠双方分列在鞠门两侧，这样身体就不再相互接触。一方要将鞠高高踢起，然后让"鞠"穿过网洞。另一方必须不使"鞠"落地，并几次用脚传递，再踢过网洞。如果"鞠"落入己方场地者判为失误，最后以"鞠"过网洞次数多的一方为胜利者。

这次改革，促进了蹴鞠活动的广泛开展。由于李靖把鞠体变轻，蹴鞠的技艺也有了新的发展。人们除了双手外，身体的其他部位都可以接触鞠体。

在唐代，也由于蹴鞠对抗双方阵容的独立，人们不再有身体接触了，于是女子也可以玩蹴鞠了。而这女子蹴鞠，也成了大唐国都长安城的一道独特的风景。

无论是蹴鞠规模，还是蹴鞠的规范程度，唐代的蹴鞠的发展，可以说是达到了我国古代蹴鞠史上

的一次高峰。蹴鞠的发展程度更进了一步。

"鞠"的制造工艺有了进一步改进，蹴鞠技艺也有了进一步提高，蹴鞠运动普及程度也大大增加了，就连皇帝也参与了进来，并且在文学上反应蹴鞠的诗文也非常多。

据唐代著名学者徐坚所写的《初学记》记载：

> 鞠即毬字，今蹴鞠曰毬戏。古用毛纠结为之，今用皮。
> 以胞为里，嘘气闭而蹴之。

还有唐代诗人尤袤的《全唐诗话》卷五《皮日休》中记载了一个故事，有人因对皮日休不满，于是就以皮球的构造为题，写诗来嘲笑皮日休。诗中这样写道：

> 八片尖皮砌作球，火中燖了水中揉。
> 一包闲气如常在，惹拳招踢卒未休。

从这首诗和上述的文献记载我们可以看出，唐代制作鞠的技术已经有了很大的改进。

唐代的学者仲无颜在他所写的《气毬赋》里还对这种"气球"作了具体的说明，赋是这样写的：

> 气之为毬，含而成质，俾腾跃而悠利，在吹嘘而取实。

从这个描述中可以看出来，这样制作的鞠，反弹能力很强，非常有利于腾跃。

还有在踢球方法上，汉代是直接对抗分队比赛，双方身体接触就像打仗一样。唐代分队比赛，已经不是直接对抗，而是中间隔着球门双

方各在一侧，以射门多者为胜。

还有，因为蹴鞠的球体轻了，又没有激烈的奔跑和争夺等直接性的对抗，因此唐代女子蹴鞠也获得了较大的发展。

唐代女子蹴鞠的踢法和汉代女子蹴鞠的踢法不同，它是不用球门的，她们以踢高、踢出花样为胜利者，这便是被称为"白打"的蹴鞠玩法。

唐代诗人王建曾经写过一首宫词，这首词中就有描写宫女踢蹴鞠的诗句，诗云：

宿装残粉未明天，总立昭阳花树边。

寒食内人长白打，库中先散与金钱。

这首诗里就是说天刚放亮，这些迫不及待的宫女还来不及梳洗，就跑出来白打了，这是由于她们对蹴鞠兴致高昂。

这些美丽的宫女们踢蹴鞠时有专门的球衣，她们习惯穿襦衣。这种襦衣衣身狭窄短小，领口和袖口有金彩纹绘或刺绣工艺，有的还镶有绫锦，看上去华美富丽。

而唐代的裙式大多高腰或束胸，款式贴臀，宽摆齐地，是下摆呈圆弧形的多褶斜裙。当时如果穿着这样的服装踢球，宫女们需要时时提着自己的裙子，才能避免被绊倒了。

等到了开元以后，胡服成为最新的时尚潮流。在唐代的石刻和壁画里，侍女们经常打扮得极其干练。圆领窄袖袍衫，小口条纹裤，脚上穿着软靴。

在唐代已经算是非常开放了。宫廷当然是时尚发源地，宫女们穿着这样的服装踢球，她们一定会更得力。

当时不仅有女子蹴鞠，而且有的女子踢蹴鞠的技术还很高呢。唐代著名学者康骈写的《剧谈录》中，记载了一个女子踢球的故事：

> 京兆府的小官吏王超，有一天走过长安城胜业坊北街。当时正是春雨初霁，有一个头上有3个鬟的女子，十七八岁的年纪，衣衫褴褛。她当时穿着木屐，在路旁的槐树下看士兵们蹴鞠。有球踢出场外了，这个女孩就接而送之，一下子踢了数丈高，引来很多人观看。

这段文献中有着了个鬟的女子能够接住军中少年踢漏的球，而且穿着木屐，一脚把球踢了数丈高，可见她的水平不一般，同时也能看出，当时蹴鞠活动非常普及，从宫廷到民间都是一样的。

唐代诗人王建有一首《宫词》，其中记载，在寒食节这一天，唐代女子以踢球为乐。

唐人踢蹴鞠场面非常火爆。唐代著名学者仲无颜写

了篇《气毬赋》，文中说，

> 广场春霁，寒食景妍，交争竞逐，驰突喧阗。或略地以
> 走丸，乍凌空以月圆。

从这段文字中可以看出，冬春之交，万象更新，正是唐人踢球的好时光。文中描写的踢蹴鞠的场面也很壮观，显然双方对抗很激烈，看来唐人对低平球和高空球的控制技巧掌握得很熟络了。

其实，不仅是在皇宫中有这样的习俗，就连民间也有。唐代大量诗词都反映了当时蹴鞠的发展，唐代著名诗人王维在他所写《寒食城东即事》诗中说：

> 清溪一道穿桃李，演漾绿蒲涵白芷。
> 溪上人家凡几家，落花半落东流水。
> 蹴鞠屡过飞鸟上，秋千竞出垂杨里。
> 少年分日作遨游，不用清明兼上巳。

还有唐代大诗人刘禹锡的《同乐天和微之深春二十首》中写道："节院收衙队，球场簇看车。"

这诗句写出了当时达官贵人在蹴鞠场上观看蹴鞠的盛况，球场旁边聚集着许多观者的车辆。可见当时人们对观看蹴鞠热情，观众之多，场面之壮观。

当然，有蹴鞠比赛就有蹴鞠爱好者。其实唐代最喜欢蹴鞠的是几个皇帝，例如唐文宗和唐玄宗等，他们常常爬上一个高楼，居高临下

地俯看人们蹴鞠和摔跤，可见他们对蹴鞠是非常喜爱的。

此外，除了蹴鞠用具的改进外，唐代蹴鞠的形式也出现了多样化，当时的主要有形式两种，一种是无球门的蹴鞠活动，另一种是带球门的蹴鞠比赛。

无球门的蹴鞠活动可以再细分为3类，第一类是公元664年以前的打毬。它是一种不用球门比赛的蹴鞠，有10种比赛方式，从1人场起至10人场止。

一般多是一人场，人们的身体各部分都可以触及球，变换花样，比赛时不拘人数，各自踢蹴鞠，没有比赛对象的时候，也可以单独表演，也可以作为个人的健身运动。

第二类就是唐代诗人王建《宫词》里所称的白打。比赛时不用球门，可以二人对踢，也可以多人对踢，这种足球，特别适宜于女子，所以王建所写《宫词》有"寒食内人长白打"这样的句子。

第三类也叫作"趯鞠"，是一种以踢高球为胜的比赛。据唐代小说家段成式所写的《酉阳杂俎》记载：

张芬曾为韦皋行军，曲艺过人，常于福感寺鞠，高及半塔。

还有唐代王维《寒食城东即事》中那句"蹴鞠屡过飞鸟上"，可能也是描写这种蹴鞠的。

带球门的比赛只有一类，球门设在场地中央，两根高高的竹竿上结一网，网之上部留一直径为一尺左右的洞，称为"风流眼"。它的比赛方式记载于古代图籍《蹴鞠图谱》里。

比赛时，两队位置在球门的左、右两边。左队球头把球踢过门，右队的需要用一定的姿势接住球，挟着球传到自己的球头那里，然后由球头踢过去。

这类蹴鞠虽然减少了身体接触，但这种方法和双球门蹴鞠相比，它的竞赛性大大降低了，而且运动方式也是落后的。

知识点滴

唐代在鞠内放吹气的球，这也是一个非常伟大的发明。当然，球体的改进，也带来了踢球方法和踢球技术的改变。

汉代因为球是实心的，不能踢高，所以球门是就地建筑，所谓"穿地为鞠室"就是这个意思。

而唐代的球体轻了，可以踢得很高，球门就设在两根三丈高的竹竿上，称为"络网为门以度球"。

宋元时蹴鞠达到了鼎盛

在北宋时期，太尉高俅正是因为球踢得好，才得到了端王赵佶的赏识。后来，端王登基称帝，做了宋徽宗，高俅也从此一路青云，飞黄腾达了。

那一年，高俅去端王府送礼物，正好遇到端王与家丁们在玩蹴鞠，球落到了高俅面前。他抖擞精神，将球用脚挑起来，他张开手臂，用肩膀、脚踝和头不住颠球，竟然过了半晌，球仍然没有落地。

最后高俅使了一个漂亮的"鸳鸯拐"，把球踢还给了端王，球不偏不倚正好落在端王脚下，引得端王不住地叫好。

高逑凭着高超的颠球技巧，还有最后这个"鸳鸯拐"，一下子把全场的人都给镇住了。有诗为证：

月儿弯弯照九州，几人踢球几人愁。
只要球艺超一流，皇上面前充大牛。

这便是元末小说家施耐庵所写的《水浒传》中一个经典桥段。高俅以高超的蹴鞠技艺，受到皇帝的欣赏进而升官发财，足可见宋代的蹴鞠并非不入流的杂艺，只要蹴鞠技艺高超，前途便不可限量。

还有，在后来的南宋时期，著名大诗人陆游在他所写的《春晚感亭》诗中，曾经描写过宋人踢蹴鞠的情景：

寒食梁州十万家，秋千蹴鞠尚豪华。

后来，陆游又在《感旧末章盖思有以自广》一诗中写道：

路入梁州似掌平，秋千蹴鞠趁清明。

其实，蹴鞠在宋代获得了极大的发展。主要是宋代的皇帝和官僚贵族喜爱蹴鞠。

宋徽宗赵佶便是个十足的蹴鞠迷，他看了宫女踢蹴鞠后，兴致勃发，写诗道：

韶光婉媚属清明，敞宴斯辰到穆清。

近密被宣争蹴鞠，两朋庭际再输赢。

宫女踢蹴鞠已经证实了宋代女子蹴鞠的发展，据南宋著名文人马端临在他所写的《文献通考》中记载：

宋女弟子队153人，衣四色，绣罗宽衫，系锦带，踢绣球，球不离足，足不离球，华庭观赏，万人瞻仰。

这便是说宋代女子蹴鞠的繁荣景象，甚至宋代社会上还有了专门靠踢球技艺维持生活的蹴鞠艺人。据记载，北宋汴梁城和南宋临安城，在皇宫宴会上表演踢球的名手，就有苏述、孟宣、张俊、李正等；在市井瓦子里的踢球艺人，有黄如意、范老儿、小孙、张明、蔡润等。

宋代的蹴鞠和唐代的踢法一样，有用球门的间接比赛和不用球门的"白打"，但书上讲的大多都是白打踢法。

所谓"脚头十万踢，解数百千般"，就是指踢球花样动

作和由几个花样组成的成套动作，指用头、肩、背、胸、膝、腿、脚等一套完整的踢技，使"球终日不坠"。由此看来，宋代的蹴鞠，由射门比准已经向灵巧和控制蹴鞠的技术方面发展了。

具体来说，宋代蹴鞠形式的多样化较之汉代唐代又有了进一步的发展。宋元时期的蹴鞠基本形式与唐代相同，也大致可以分为两种。

一种是设球门的竞赛，一种是不设球门的竞赛。设球门的竞赛，其球门柱高3丈2尺，球门径2尺8寸，阔9尺5寸，网中有风流眼，球门立在场地中央。史书《文献通考》卷十五，《乐考·散乐百戏》中记载说：

> 植两修竹，高数丈，络网于上，为门以度球。球工分左右朋，以角胜负。

根据《蹴鞠图》《蹴鞠图谱》及《事林广记》记载，比赛双方各十余人，宋徽宗时称比赛双方为左右军，其中每方一人为"球头"，二

人为"次球头"。

到了南宋时期，这种单球门比赛人数不等。左右军各有7人的，也各有16人的。

《事林广记》续集卷七中记载："各方七人的角色分配是每方球头一人，骁色一人，正副二人，副挟二人，着网一人。"

这便是说，宋代比赛方法是，球头用脚或头传球给骁色，骁色带球到球头的右侧，然后他迅速把球放在球头膝上，球头用膝踢球，但不能过网，撞在网上颠下来，球头接住再踢给骁色。

如果踢过了一次就算是一筹了。一场比赛有的3筹，有的5筹，然后以得筹数多的一方为赢家。这种蹴鞠形式从宋元一直流传下来了。

还有一种是左右军各16人的，各方包括球头、跷球、正挟、头挟、左竿网、右竿网及散立数人。这种形式虽人数较多，但踢法大致与7人的并没有区别。

宋代这种单球门竞赛活动继承了唐代的单球门竞赛方法。北宋时期，接球和传球都改"挟"为踢了，这增加了它的竞技性和娱乐性，但到了南宋时期，某些环节又由"踢"改为"挟"，又倒退回来了。

而不设球门的蹴鞠比赛，其竞赛方法可分为两类，也就是不分班和分班两种踢法。

宋代不分班的赛法在人数上可分为1人场至10人场等10种方法，

与唐时的一般场户相类。分班的竞赛称白打场户。

宋代白打踢法有所谓的"脚头十万踢，解数百千般"，就是指踢球花样动作和由几个花样组成的成套动作，共有几百个之多。

《水浒传》中写高俅陪宋徽宗踢球，他使了个鸳鸯拐。鸳鸯拐就是个花样动作，是用左右外脚踝踢球。当描写高俅给宋徽宗表演踢球时，那气球似膘胶一样粘在高俅的身上。这就是指用头、肩、背、胸、膝、腿、脚等不同的一套一套的踢技，使球不坠地。

当然，宋代制球工艺比唐代又有提高，球壳从八片尖皮发展为"十二片香皮砌成"。原料是"熟硝黄革，实料轻裁"。

宋代球的制作工艺是"密砌缝成，不露线角"。做成的球重量要"正重十二两"。足球规格要"碎凑十分圆"。

宋代蹴鞠的形式，可以说达到了真正成熟的地步。不少宋代古籍都对当时鞠制作进行了详细记载。

可见，宋代的鞠的做法虽然仍是经过水揉火烤，但缝制鞠的皮子因为达到了12块，使其更接近圆形。古代的衡器为16两1斤，这与后来足球比赛用球的重量基本相近了。

宋代这样做成的球当然质量是很高了。当时手工业作坊制作的球，已有40个不同的品种，每个品种各有自己的优缺点。宋代制球工艺的改进，促进了踢球技术的发展，而制球手工业的发展，又反映了社会蹴鞠需要量的增加。

为了维护自身利益和发扬互助，至少在南宋时期，宋代的踢球艺人还组织了自己的团体，叫作"齐云社"，又称"圆社"。这是专门的蹴鞠组织，专事负责蹴鞠活动的比赛组织和宣传推广，这是我国最早的蹴鞠运动协会，在当时是非常难得的。

据《蹴鞠谱》的记述，该球社在京城产生了一定的影响，流传着"若论风流，无过圆社"，"人都道齐云一社，三锦独争先"。这些话都是对球社的反映和称誉。

还有，参加球社的人，要遵守社规，如不许做"人步拐""退步踏""人步肩"和"退步背"等危险动作，还规定"狂风起不踢，酒后不可踢"等，这也是我国历史上第一次提出了踢球时应注意运动安全。

这可以说是我国历史上最早的民间蹴鞠协会了。民间蹴鞠组织的出现，更使这项运动趋于社会化。它从军队、宫廷的专业队，更进一步普及于民间。

宋代盛行的蹴鞠运动，踢球方法以娱乐健身性的单球门踢法，最后逐步替代了竞技性的多球门和双球门踢法，规则与技法也已经日趋成熟了。

还有一种非竞赛性、以娱乐为目的无球

门踢法，可个人进行，也可多人相互之间进行。踢球时，可以用头、肩、背、腹、膝、足等部位接触球，灵活变化，随心所欲。

这种方式以踢出花样多少作为评判和取胜的依据，宋人称其为"白打"，宋代帝王最喜欢这一种蹴鞠踢法。

当然，宋代是儒家理学兴盛的时期，以儒家思想为核心的我国传统文化，讲求和与中庸，因此在多数情况下，社会文化心理是重文治而轻武功的。

宋代人们推崇谦谦君子的温文尔雅，鄙薄孔武之士的争强好胜。在这种社会文化背景下，蹴鞠由对抗性比赛逐步演变为表演性竞技。

宋代蹴鞠堪称国家第一运动项目。开国皇帝宋太祖本人就是位蹴鞠迷。于是从宫廷到民间，球风大盛。后来出土的宋代浮雕蹴鞠纹铜镜，还有当时民间女子蹴鞠的场景。可见宋代的整个社会阶层，上至皇帝、宫室，下到城市百姓，对蹴鞠运动都是乐此不疲的。

因此，蹴鞠在宋代最为繁荣，经常出现人们踢蹴鞠的情景。其实，当时之所以出现这样的情况，也与当时商业化的社会氛围有很大的关系。

当然，宋元时代的蹴鞠专业书籍已经更为专业化和多样化了。其中比较著名的有3本，一是《事林广记·戊集》，作者是南宋著名文人陈元靓；二是宋代学者汪云程编写的《蹴鞠图谱》，又名《打球仪》；三是宋代无名氏编写的《蹴鞠谱》。

这3本书多次提到当时蹴鞠专业组织，也就是"圆社"。据《蹴鞠谱》说，在宋代，一个人如果参加了圆社，他就可以五湖四海到处游逛了。

因为许多地方都有圆社，圆社对他们的蹴鞠技巧进行技术考核，通过后便可以接待他们入社了。

从《蹴鞠谱》等书中还可以看出，宋代蹴鞠很重视熟悉球性和控球的能力。而且，人们已经认识到蹴鞠不只是可供娱乐，也有健身和培养思想品德的作用。尤其值得提及的是，这些专业书籍从不同方面介绍了当时蹴鞠的具体形制。

还有，宋朝时期，由于蹴鞠深受人们欢迎，不少商人便借此做起了促销蹴鞠的文章，这表明宋代蹴鞠已经引入商业机制。据史料记载，在汴京城，当时已经有了相当多的蹴球茶坊和角球店。

据《蹴鞠图谱》的

记载，当时还出现了许多专门制作鞠的手工业作坊，有品牌的商品鞠有24种，《蹴鞠谱》中记载的有41种。

当然，宋代蹴鞠不仅仅在民间盛行，在宫廷中也非常流行。由于宫廷的特殊性，所以宫廷蹴鞠活动很多，而且非常具有宫廷特色，这对于蹴鞠活动的发展是很有利的。

宋元时期，爱好蹴鞠的帝王与大臣也不乏其人。宋代名画家苏汉臣的《宋太祖蹴鞠图》，表现的就是太祖、太宗、赵普、郑思、楚昭辅、石守信6人在一起蹴鞠的情景。《宋太祖蹴鞠图》中没有球门，所以这种6人场当是一般场户中的踢法。

北宋宣和时的著名词人李邦彦也是极喜好蹴鞠的，他曾经是宰相，所以他自称"赏尽天下花，踢尽天下球，做尽天下官"。因而他被当时人们称为"浪子宰相"。

还有，在宋代礼仪中规定，朝廷有大的喜庆宴会，都要有蹴鞠表演。人们在喝过第六杯酒之后，蹴鞠艺人便要上场表演踢球了。

宋代的宫廷中还建有蹴鞠队，在朝廷举办的各种盛会上，往往就有蹴鞠队出场表演的场景。据宋代著名文人孟元老在他所写的《东京梦华录》中记载，宋代宫廷蹴鞠队的

队员，分为三等：第一等称"球头"，第二等叫"次球头"，第三等为一般队员。

每队有球头一名，次球头两名，一般队员十余人。这可以说是我国历史上较早的宫廷蹴鞠队了。

到了辽金元时代，市民的蹴鞠活动也很兴盛，而且还大量出现在文学作品中。元曲中就有很多描写当时市井闲人蹴鞠活动的情况，如元代大戏曲家关汉卿的散曲中有两首《女校尉》套曲，校尉是园社中艺人的最高等级，元代有了女校尉，曲云：

蹴鞠场上，鸣珂巷里，南北驰名，寰中刻意，关白打、官场小踢，竿网下，世无双，全场儿占了第一。

茶余饭饱邀故友，谢馆秦楼，散闷消愁，唯蹴鞠最风流，演习得踢打温柔。

这说明了女蹴鞠艺人表演蹴鞠在当时消闲娱乐中占有重要的地位，还有元代文人邓玉宾在《仕女园社气球双关》写道：

似这般女校尉从来较少，随园社常将蹴鞠抱拋，占场儿陪伴了英豪。

这说明，元代市民的蹴鞠继宋之后仍是非常普遍的。还有，到了元代，关汉卿等人的散曲中还记述了男女对踢蹴鞠的情景。

但这种男女对踢，已经不是双方寻求自身的娱乐，而是以妇女踢球作为一种伎艺供他人欣赏。元代学者萨都剌在《女子蹴鞠》的散曲中说：

毕罢了歌舞花前宴，习学成齐云天下圆。

因此，元代踢蹴鞠和歌舞一样，都是宫廷和民间宴会上的伎艺。

妇女们大都喜欢踢蹴鞠，可见踢蹴鞠成了当时女子娱乐的一种手段。

因此，元代踢蹴鞠娱乐的社会性已经大大缩小了，它不再是节日的活动内容，也不再是宴会上的节目，而是和宴会行为相联系的一种娱乐活动。

后来，人们曾在内蒙古的辽墓中，发现了当时蹴鞠活动的壁画，从画面的布局看，应是一般的白打踢法，

说明在辽代的北方少数民族中，蹴鞠活动也较为普及。

宋元时期的蹴鞠活动，已经达到了我国古代蹴鞠史上的最繁荣时期，而且在后来的朝代继续了这种长时期的繁荣。

知识点滴

宋元时期的民间蹴鞠也十分盛行，蹴鞠活动进一步平民化，并出现了专业的民间组织。北宋时，开封的百戏活动中就有表演蹴鞠的艺人。

在孟元老的《东京梦华录》卷六《元宵》中，就记载了当时宋都汴梁人们踢蹴鞠的盛况。书中写道："举目则秋千巧笑，触处则蹴鞠踈狂。"

这也说明了，宋代民间蹴鞠有了一定的发展，较广泛的普及。

明清时蹴鞠由盛转衰

明代永乐年间，关中地区有一个人名叫柳可，他是个秀才，踢蹴鞠技巧非常高超。

但是，柳可的官运不佳，考中秀才以后几年都选不上官。

后来，柳可得知陕西知府王大非常喜欢踢蹴鞠，便想走这条门路获得一官半职，但可恨的是，他又拿不出钱财贿赂知府王大的门房，无法求得知府接见。

于是，柳可便天天守候在球场的墙外。终于有一天，知府王大踢的球飞出了墙外，柳可拾了球，他喜滋滋地抱着球送还王大，管门的人只好让他进去。

柳可见了知府王大之后，他把手

中的球抛在空中，一面跪拜，一面用肩、背、头顶球，球一直未坠落在地。知府王大看了这种表演，不由得哈哈大笑，很是欣赏柳可的球技，便请他给自己当个幕僚。柳可也就获得了一个小小的官职。

其实，明代蹴鞠运动也非常普遍，但只限于明初时期。据《明史》记载：

士信每出师，不问军事，辄携樗蒲、蹴鞠，拥妇女酣宴。

士信指的是明代拥兵割据的吴王张士诚的弟弟张士信，可见踢球还和宴会连在一起，但将军若是痴迷于踢球，对军队并不是好事。

因此，后来朱元璋称帝后，传下圣旨，严令禁止军人踢球。但朱元璋的圣旨只能禁止军人踢球，却不能改变蹴鞠的娱乐性质。

但是，从蹴鞠运动本身的发展来说，由直接的对抗比赛改变成间接的对抗比赛，甚至变成纯娱乐的表演性质，这就失去了蹴鞠能够练武、练身和练意志的特点，降低了蹴鞠运动的社会功能。

明清时期，由于自身的竞技活动转变成了供他人娱乐的活动，由社会的节日娱乐转化为个别的宴饮娱乐，使蹴鞠运动的社会性愈走愈窄。这样，在社会客观原因的限制下，蹴鞠便不能不趋向衰落了。

不过在明清时期的民间，特别是小孩中的蹴鞠活动仍很普遍的，各种明清瓷器中的"蹴鞠纹漆牌饰""蹴鞠纹高足碗"和"蹴鞠纹瓷罐盖"等，都是反映当时民间儿童蹴鞠活动的实物。

明初的蹴鞠活动是各种球戏活动中的一种，它在当时是最为流行的。其运动方式大都沿用了宋元时期的带球门竞赛和不设球门的比赛，但也有一定的变化，这从明代文人汪云程所著《蹴鞠图谱》可以看出。

据清代著名学者夏燮所写的《明通鉴》卷四十三《武宗正德元年》的记载：

> 明武宗朱厚熙非常喜欢踢球。当时文安县的大盗张茂，因为与宫中张忠是邻居，就结为兄弟，并经常出入皇宫，侍奉武宗帝蹴鞠。

还有明代诗人王誉昌所作的《崇祯宫词》里，有一首描写了宫女

们陪伴着皇帝的宠妃，进行蹴鞠的情景。诗云：

锦屬平铺界紫庭，裙衫风度压娉婷，

天边自结齐云社，一簇彩云飞便停。

此外，明代宫廷蹴鞠活动，还见于当时的绘画作品中。明代佚名绘制的《明宣宗行乐图》长卷中，就描绘了朱元璋的重孙，也就是后来的明宣宗朱瞻基，他在观赏侍臣蹴鞠时的情景。可见当时宫廷蹴鞠活动还是流行的。

还有明代著名画家杜堇的《仕女图》中，就有仕女蹴鞠的画面，这反映了明代蹴鞠沿袭了唐代的风俗，是以一般场户白打的蹴鞠活动为主。

不过明代蹴鞠的社会性，与前代相比，虽然逐渐缩小了，但是见于文物和史籍记载的资料还是不少。

在明代著名画家王圻画的《三才图会》中，也有蹴鞠场面的描绘。还有，明代《黑漆彩螺钿仕女游艺图屏风》也提到了蹴鞠，它由一堂12扇明代巨型木胎屏风组成。

屏风上面的园林仕女图中，也描绘了一群贵族妇女，她们正在园内进行蹴鞠等游乐活动，这可以说是一幅当时上层妇女优游行乐的真实图景。

后来在北京昌平明定陵中，还出土了一件明孝靖皇后的女夹衣。这件衣服上绘有包括蹴鞠在内的百子戏图案，这些图案均绣于夹衣的胸及两袖上。

在其中的蹴鞠图案中，有3个少年在作蹴鞠游戏，中间一个人正在腾身以足踢球，两边的伙伴在聚精会神地盯着被踢起的皮球，画面生动有趣。

定陵这些资料都形象地说明了，蹴鞠运动仍然广泛地普及于明代妇女儿童中间，它在这一时期，也被人们习以为常地当作了生活用品的一种装饰。

当然，在明清很多文学作品中，也都能够看到蹴鞠的场景。明清文学作品中对蹴鞠的描写，从一个侧面反映出蹴鞠活动的进一步娱乐化，同时也可以感受到这项活动逐渐衰亡的过程。

我国古代四大奇书之一的《金瓶梅》，就被称为明代社会的百科大全，其中就有当时人们蹴鞠的情景。有一段描写的是西门庆在丽春院看蹴鞠，踢蹴鞠的人是李桂姐。从中可以看出，明代蹴鞠在社会上流行的情况。原文写道：

> 西门庆正喝在热闹处，见三个圆社向前来打个半跪，西门庆平昔认的，一个唤白秃子，一个唤小张闲，一个是罗回子。因说道：你们且外边侍候。待俺们吃过酒踢三跑。西门庆吃了一回酒，出来外面院子里先踢了一跑，次教桂姐上来与两个圆社踢。
>
> 一个梢头，一个对障，拗踢拐打之间，无不假喝彩奉承，就有些不到之处，都快取过去了，反来西门庆面前讨赏钱，说：桂姐行头，比旧时越发踢熟了，撇来的丢拐，教小人凑手脚不迭。再过一二年，这院中似李桂姐这行头，就数一数二，强如两条巷董官女儿数十倍。

上述描写，也很能表明明清时期

蹴鞠的娱乐性质。宋代的蹴鞠艺人，他们可以在皇宫的宴会中表演，也可以在城市的巷子里卖艺，而明代的圆社却只能在歌宴上进行表演，娱乐客人了。

到了清初，以娱乐为题材的蹴鞠活动仍然较为普遍，在这一时期的文物资料中还时会见一些儿童进行蹴鞠活动的描绘。

但是，这种蹴鞠运动在明末清初有进一步走向娱乐化的趋势，实际上也预示着盛行于我国数千年的蹴鞠运动开始迈入衰亡的边缘。

清代出生于山东淄博的著名文学家蒲松龄，在他所著的《聊斋志异》中，就描述了清代的蹴鞠活动，《聊斋志异》差不多成为了描述清代蹴鞠活动仅有的作品。

在蒲松龄所写的《聊斋志异》中，有多处故事涉及蹴鞠活动，如《汪士秀》《小翠》等作品，都有这样的描写。特别是《汪士秀》中，有较长的关于蹴鞠活动的描写。

《汪士秀》翻译成白话文是这样写的：

汪士秀是庐州人，汪士秀父子都善于踢球。几年前，汪士秀的父亲在钱塘江中溺死了。汪士秀南游洞庭湖，夜泊湖畔，思念父亲之死，不能入睡。忽见湖水中出来五人，铺一张大席在水面，饮酒作乐。

酒后，这些人拿出一个晶体透明的球来踢。汪士秀见那会踢球的老者像他父亲，便坐起在舟中观看。这时，恰巧那球落在他的身旁。

汪士秀一时技痒，便起脚踢了回去。那老者见状惊呼道："此我家流星拐也。"

谁知汪士秀一脚踢得太猛，把球踢破了，霎时间湖上人球俱杳。原来那四个人都是鱼精。他父亲溺水被鱼精拯救留做仆役，踢的球原来是鱼膘做成的。

蒲松龄在写球被踢破下落的时候，用了这样一句来形容：

中有漏光，下射如虹，荧然疾落，犹如经天之彗，直投水中，滚滚作沸泡声而灭。

这段话写得非常华丽，显然用这一句形容我国古代的蹴鞠游戏，是非常恰当的了。不过，我国古代蹴鞠在清朝中叶便逐渐走向了衰落，但是，几千年蹴鞠运动的影响，在民间却没有完全断绝过。

在清代，古籍上有关蹴鞠记载

寥寥无几。我国古代蹴鞠活动，自战国起经历了几千年，在汉、唐、宋时代，曾经像彗星一样发出闪亮的光辉。后来投入清代社会的水中，只留下一点泡沫终于暗落了。

总体来说，我国古代蹴鞠，发展到明清之时，整体上已经开始走向了娱乐化，基本上丧失了其应有的竞技性。这样，蹴鞠在明清时期开始由盛转衰，较大规模的蹴鞠比赛已经很少见了。

甚至爱好溜冰的清代满族人，他们曾经将蹴鞠与滑冰结合起来，发明了一种被称为"冰上蹴鞠"的运动形式。但这也不过是我国传统蹴鞠活动的余韵而已。

清代蹴鞠衰落的原因，大概有这样几条。从客观的社会条件来说，宋代理学兴起，社会上重文轻武，也轻视身体活动的娱乐；还有，戏曲小说的兴起，社会娱乐范围的扩大，相对地减少了人们对蹴鞠娱乐的兴趣。在这样内在外在条件的影响下，我国古代蹴鞠活动便不能不趋向衰落。

知识点滴

在清代古籍上有关蹴鞠活动的记载，可以说是一片空白，甚至像清代文学家曹雪芹所著的《红楼梦》这样一部封建社会百科大全式的作品，也很难找到蹴鞠活动的描写。

《红楼梦》中仅有一次提到了蹴鞠，也就是"可巧门上小厮，在甬路底下踢球"这一句，这样简单的描述，不可能让人体会到任何当时的情景。

角抵运动

　　角抵是我国古代一种较力的游戏，类似后来的摔跤。它主要是通过两人徒手进行力量型的较量，用非常简单的人体相搏的方式，以摔倒对方为胜的一种竞技运动。

　　角抵活动是我国体育文化的重要组成部分，也是我国最古老的体育项目之一，它起到了促进和平和友谊的作用。

　　随着我国历史的推进，角抵运动也在不断地蓬勃发展，已经有了更大的跃进。从角抵到相扑，再到摔跤，这一盛行了数千年的中华民族传统竞技形式，就是这样源远流长，丰富多彩。

先秦角抵的起源与发展

　　角抵是我国古代一种较力的游戏，类似后来的摔跤。角抵活动是我国体育文化的重要组成部分，也是我国最古老的体育项目之一，它起到了促进和平和友谊的作用。

　　角抵活动还与古代的戏剧结合起来，号称是古代的"百戏"之一，因此它是我国戏剧的最初萌芽，还哺育了我国的戏剧文化。

　　角抵活动不仅有着悠久的历史，而且有着深邃的文化内涵。最早是我国原始人为了求得生存的一项技能，上古时期的人们在狩猎过程中，或者在人与人、部落与部落之间的冲突中，人们利用徒手搏斗的形式，以求得食物或者自卫，从而产生了角抵动作，这其实就是最简单的角抵技艺。

另外，在生存环境较为恶劣的我国上古时代，角抵也是训练和军事作战的一种技能。我国古人在最初时还不知道充分利用工具来改善生存条件，但环境就是那样恶劣，古人只能靠自身的体能来艰难生存。

我国古人在与凶禽猛兽的争斗，向大自然索取衣食耕作劳动中，渐渐练就了一身壮健的体魄，后来通过在休闲活动中对搏斗和耕作活动的模仿、追忆以及有意识训练，便产生了我国源远流长的角抵活动。

在春秋战国时期，角抵的名称很多，比如"角力""摔跤""摔胡"，"角觝""相扑""布库""厄鲁特""掼跤"等。这是因为，各民族的语言文字不同，角抵的方式方法也有较大的差异。

角抵在我国古代属于徒手搏斗的范围，它是军事作战的一种技能。关于角抵名字的由来，根据南北朝著名文学家和数学家的祖冲之所著的《述异记》中记载，在5000年前的氏族部落时代，黄帝部落与蚩尤部落进行了一次大战。

蚩尤部落的人都在头上戴了假角，古书中说是"以角抵人，人莫能御"。这种用头冲撞的作战方式，就是摔跤的最早起源，后代称摔跤为角觝也是沿用的这个古老名称。

这便说明了我国角抵活动的历史是非常久远的。其实，这段资料最早出自西汉著名史学家司马迁在《述异记》中的记载，原文是这样记载的：

蚩尤氏头有角，与黄帝斗，以角抵人，今冀州为蚩尤戏。

司马迁将角抵与黄帝大战蚩尤的传说联系起来，这就足够说明它的漫长历史。蚩尤角抵戏流行于我国古代北方地区，它也间接纪念了与黄帝逐鹿中原的炎黄始祖蚩尤氏。

后来，到了奴隶制社会，奴隶主规定摔跤是军事训练的重要项目。据汉代文学家戴德所写的《礼记·月令》中记载：

孟冬之月，天子乃命将帅讲武、习射、御、角力。

可见当时射箭、驭车和角力，都是士兵作战的重要技能。还有，那时候的将帅在冬季还要对自己的部队进行一次检阅，以观察部队的

训练成果。

其实，角抵最初是上古时期原始社会中的一种比武竞技，它展示着男人本能的力量与粗犷之美，它能够吸引无数人的目光。

角抵作为一种有效的近身相搏的手段，伴随了我国古人在远古时代的生产和生活。角抵活动自从被统治阶级高度重视后，为了安全考虑，军事团体之间往往通过角抵来显示实力，因此角抵也被赋予了一定的政治色彩。

在远东周时期，这种角抵戏比较普及，特别是北方少数民族中多见。后来陕西秦都咸阳出土了一件先秦时期的铜牌，上面就有两人在竞技角抵的画面，这是比较典型的早期摔跤形式。

后人解释，角抵就是互相扭打的"两两校力"，也是徒手搏斗的一种作战方式。在3000年前，青铜兵器并不十分锐利，而且作战时也

会经常发生青铜兵器折损的情况，因此徒手作战技术就显得十分重要。据说在我国春秋时期，吴楚的柏举之战，楚国军队被打得大败。楚国将军莫敖就在兵器折损无法作战的情况下，只身冲入了敌军，徒手角抵敌军，竟然摔伤了好几个人。

所以在战场上同敌人角抵是一种生死搏斗，是绝不留情的，而军队在平时训练也应该注意训练到徒手"两两校力"的技巧。

当然，在一般的角抵比赛中，就不必拼得你死我活了。因此，角抵比赛就必须有一定的方法和规则，这样才能避免无谓的伤亡，据古籍《国语》中记载，春秋末年的晋国已经有了角抵比赛，这说明角抵比赛在我国已经有了3000多年的历史了。

还有，角抵活动的名称是从踢、打、摔和拿的徒手搏斗发展而来。在先秦时期，很多地区都培养一批角抵好手，他们在各种节日盛典上，给帝王将相们表演角抵游戏，供他们享乐，以示威武。

我国上古时期的角抵竞技运动者大多是裸体或者穿着象鼻裤的，也就是后来的兜裆裤，他们只能穿这样的服饰进行角抵比试。

先秦时期的角抵活动主要较量的是双方的力气，一般体力强的人就能胜利。而角抵比赛还可以拳打脚踢，甚至使用击打关节的擒拿方法，经常把对方摔到不能抵抗为止。后来，角抵的规则才逐渐改进，角抵技术向灵活和敏捷的方向发展了。

后来随着角抵运动的正规性，到了我国先秦时期，角抵者的服装逐渐改为穿短袖上衣，系腰带，穿长裤和鞋。规则上的改进也有很多，比如他们不再强调把对方摔到不能抵抗为止，改为只要将对手摔倒三点着地就成为胜利者。三点着地指除了两脚外身体各部，包括手、肘和膝全部着地。角抵最初都是一跤决胜负，后来才逐渐改为了三跤二胜，但是先秦的角抵比赛都是不分体重级别的。

古代的角抵范围很广，相扑也是其中一部分，只是到了后来，角抵一词才专指摔跤一类的活动，才被人们称为相扑的。

从这个意义上说，也可以把角抵看作是我国古代摔跤运动。从古代角抵的不同名字，便可以看出角抵活动与摔跤的密切关系。

还有，先秦时期民间的角抵活动的传统形式，一般都是在某一个地区内，由一位年长又德高望重，而且角抵技术高超的角抵能手出面组织的。角抵的成员大多是他的子侄辈亲属和附近的青少年，他们利

用闲暇时间，在空地上练习角抵，传授技艺，甚至还有其他角抵老手作一些义务的指导。

先秦角抵时第一要素便是要有足够的力量，动作要快，才容易摔倒对方，古人常说的"一力降十会"就是这样的道理。但是仅有直来直去的蛮力也是不成的，还要巧妙地借力用力，善用巧劲，这便是人们常说的"四两拨千斤"的技巧了。

在南方一些地区，也有角抵活动伴随节令活动在老百姓中广为开展。据南北朝时期著名学者宗懔所著的《荆楚岁时记》中记载：

荆楚之人，五月间，相结伴为相扑之戏。

从季节上来看，农历五月份正是春耕之后夏收之前的农闲季节，从气候上来看，五月正是春天，并不冷，这个季节可以袒露身子，互相进行角抵比赛了。因此，五月是先秦时期南方角抵的黄金季节。

知识点滴

先秦时期的角抵是两人身体的接触竞技，人们通过直接对抗，从头到脚、从手指到脚趾都要参与这项活动。

所以，从事这项运动，可以促进人体匀称发展，肌肉发达。特别能培养人的力量、速度、灵巧和柔韧等身体素质。

当然，角抵还能培养人的勇敢、果断、坚毅、顽强、拼搏精神和美的情操，角抵是先秦时期人们喜闻乐见的一种竞技娱乐运动。

秦汉魏时期角抵运动的兴盛

　　秦始皇嬴政吞并六国、统一天下建立秦王朝后，他下令丞相李斯要训练关中地区的民兵。秦始皇规定了一个月后要进行阅军大典，期间他要重点检阅民兵的训练成果。

　　李斯接到命令后，感觉非常为难，因为秦始皇当时已经收缴了六国民间所有的武器，只有秦始皇的正规军队才有正式的武器，而关中地区的民兵也是没有武器可供训练的。

　　李斯非常着急，他冥思苦想却一筹莫展。后来，李斯在首都咸阳城的街上看到两个大汉正在摔跤，他灵机一动，这才想到用摔跤的方式去训练民兵。

　　李斯马上下令民兵们日夜苦练摔跤技巧。到了一个月后，秦始皇开始进行阅军大典，他看到民兵们一个个身强体壮，正在互相摔跤搏斗。秦始皇非常高兴，他重赏了李斯，并且宣布摔跤成为以后军队大典中的重要礼仪。

其实，早在我国秦汉时期，摔跤的技巧就已经有了显著的发展。秦代已经有了乐府，秦二世曾在甘泉宫"作角抵俳优之观"，从此，角抵的戏乐成分便增加了，后来随着角抵内容和形式不断丰富扩大，这才形成了汉代的"角抵戏"。

角抵戏是汉代"百戏"的一种，"百戏"泛指角抵乐舞等的各种杂技。其实，汉代百戏就是汉代民间角抵、歌舞、杂技、武术和魔术的总称。后来丝绸之路的开辟，又大大促进了中原与西域的角抵交流和各民族角抵技巧的大融合。于是，我国的角抵戏演出盛况空前，就连宫廷也开始主持大规模的角抵戏集体演出活动了。

汉代为了政治需要，还经常演出大角抵来招待西域的宾客。角抵年年变化，内容日趋丰富，因而才逐渐演变成了后来的"百戏"。

角抵原是两个人角力以强弱定胜负的技艺表演，后世的相扑和摔跤都起源于此。它有着很好的观赏性和娱乐性。当时的艺人力图用角抵的技艺去表现生活，这样就促使了角抵向戏剧的转化，才逐渐成为了"角抵戏"的。

传说角抵起源于秦代，它是一

种较量技艺的杂耍表演。表演者头戴牛角，互相抵触，旁边站立一个裁判以裁决双方角抵技巧的高低。

后来到了汉代，这种角抵表演形式进一步戏剧化了，这才产生了像"东海黄公"这样既有简单故事情节，又有一定人物表演的舞剧。

东海黄公的故事，大概是说东海有个姓黄的老头，他少年时身佩赤金刀，头缠红绸子，而且他还能施行法术，制伏一些猛兽毒蛇。

后来黄公因为年老力衰，加上饮酒过度，在一次与白虎搏斗中，因为法术失灵，打不过白虎，这才落荒而逃了。

东海黄公的故事，虽然没有超出角抵竞技的范围，但它比一般角抵竞技更接近于戏剧的范畴。首先它已有了简单的故事情节，其次是演员都要化装和穿戴特定的服饰。

其中，扮黄公的人，他必须手持赤金刀，用红绸缠头。他的对手也必须身披虎皮，头戴老虎面具，扮成猛虎的模样。

　　但是，角抵戏搏斗的双方已经不再像角抵比赛那样全靠实力来平等竞争了，而是必须按照一定的故事情节安排来进行角抵的。也就是说，不管黄公有天大的能耐，最后他也不得不败于老虎之手。当然这就不用裁判来裁决谁胜谁负了。从《东海黄公》的角抵戏表演中，已经可以证实了我国角抵、故事、舞蹈和化妆四者的初步结合。

　　后来，魏晋南北朝时我国各民族的大迁徙、大融合，既促进了角抵文化相互的融合，又使南北文艺得以交流。在戏剧方面，北方少数民族的音乐、舞蹈和中原民间歌舞、角抵等相结合，创造出不少比《东海黄公》更具戏剧性质的小型角抵戏。

　　比如魏晋时期小型角抵戏中，就是一种有化装、有动作、有歌舞的角抵戏，这便是南北朝时期齐人创作的《兰陵王》，但是它并不比《东海黄公》有多大的进步。

　　只是《兰陵王》那副精巧的假面具，既能表现出角抵者的内心，

又能比较集中体现出当时尚武的社会气氛和英雄概念。推而广之，后世各种戏剧的脸谱，不妨说都是起源于此的。

其实，先秦战国虽然留有角抵相扑的铜牌，但第一个把带有表演和角抵性的角抵戏引入宫廷的，却是大名鼎鼎的秦始皇。

后来在秦汉之际，角抵获得了极大的发展，从当时的皇帝，到下层的平民，都非常喜欢角抵活动。当时这种角抵运动不仅得到了很大程度的普及，而且还逐渐从原始的状态之中脱离出来了。

角抵活动从实用化不断向游戏化和艺术化的过渡，让这项活动真正走进了所有人的心里。

后来在湖北江陵凤凰山的秦墓中，出土了一件木篦。在圆拱形篦背的两面，都有漆绘的人物画。其中一面就绘有秦代的角抵图，图中右边两人对搏，左边一人旁观充当裁判。

画面中的3人都是男子，3人的装束也都相同，全是赤裸着上半身，下身穿着三角短裤，腰系长带，带在腰后打结，带端飘垂于臀后，脚上穿着翘头鞋。

对博的双方正相向扑来，左边一人前伸两臂，他应该是裁判，图的上部有一帷幕飘带下垂，表示这场摔跤是在台上进行的。画面中的角抵气氛热烈而紧张。从这件出土文物可见，我国秦代的角抵已经相当普及了。

后来，角抵活动到了汉代，汉初刘邦曾经想一度废掉角抵，却始终未能完全禁止，角抵活动反而更加盛行了，甚至达到了相当普及的程度。但是这时角抵已经完全是一种带有表演成分的游戏活动了。

尤其是在汉代冀州一带民间，经常有这种游戏活动。文献记载：

其民三三两两，头戴兽角相抵，名唤蚩尤戏。

从这一记载中将角抵称为蚩尤戏，以及角抵时要进行化装的情况来看，角抵在当时明显成为一种富有娱乐性的游戏活动。

到了汉武帝时，由于汉武帝特别嗜好角抵戏，因此角抵得到了长足的发展。史书《汉书·武帝本纪》中也有关于角抵戏的记载，这本书中这样写道：

元封三年春，作角抵戏，三百里皆来观。

这段文献说明当时角抵戏规模宏大，轰动了长安，老百姓们甚至宁愿跑几百里的路去观看助威，可见当时人们对于角抵游戏的喜爱。

汉武帝时，我国民富兵强，国力臻于极盛，汉武帝也因此感到非常骄傲，并极尽奢华，史书《汉书·西域传》中记载：

设酒池肉林，以饷四夷之客，作巴渝都卢、海中砀极、漫衍鱼龙、角抵之戏以观视之。

还有，史书《汉书·张骞传》中也有关于角抵的记载，原文是：

而角氏戏岁增变，其益兴自此始。

其中的"岁增变"，就说明了角抵戏在汉武帝时的花样是不断翻新的；其中的"其益兴"，则说明了角抵戏在汉代时是不断兴盛和广泛传播的。

东汉著名天文学家和文学家张衡还在他所写的《西京赋》中称角

抵为妙戏，以表示自己对角抵的喜爱之情。他是这样描绘百戏的：

临迥望之广场，程角抵之妙戏。

其实在汉代，民间还出现了一种由蚩尤戏发展而成的，两个人在公开场合表演的竞技活动，这项竞技活动已经具有了后来摔跤的基本特色，并有着特定的文化内涵。而汉代角抵因为有广泛的群众基础，它的技术水平也非常高。

后来在山东临沂金雀山汉墓出土的一幅汉代帛画，画面上出现两个角抵者，一个人戴着长冠，穿着宽大的罩衫，腰系一条红带，另一个人双手戴着红镯。两人都是手臂大张，怒目逼视，跃跃欲扑之状。画面左侧有一旁观者，拱着袖子站在一旁，显然他是角抵者的裁判。汉代二人角抵的体育比赛，后来逐渐演变成了表演性的杂技艺术。

另外，从现有文献记载和考古资料来看，汉朝的角抵开始分支，向不同的方向发展，并有了不同形式的摔跤。

古籍上说，汉代人们在徒手对打的基础上，改进了角抵，并用一种音乐伴奏，和一种有故事情节的武打创造出了角抵戏，当然这只是个传说故事。但它已经完全脱离了古代体育的范围，成了后来戏剧的一种类型了。

当时角抵中还有一种手搏游戏，手搏又叫作"弁"或"卞"，是一种纯踢

打擒拿军事技术。史书《汉书·艺文志》中就有《手搏六篇》，它属于兵家的范畴。可见在汉代，手搏就开始从角抵中分离出来了。

西汉名将甘延寿，他不仅是一位运动健将，还是一位手搏高手。他曾经和西汉另一位名将陈汤一起远征西域，并战胜了在西域欺压弱邦的匈奴郅支单于。史书《汉书·甘延寿传》记载：

延寿试弁为期门，弁即卞。

这说明，手搏就是武士用手搏击的实用技术。当然，拳术比摔跤更适用于实战，所以选武士也一定要考查手搏技巧的。

名将甘延寿之所以被选为羽林，又被提升为期门，这些都与他精于手搏技巧有关系。

汉代史籍中还有不少关于手搏的记载，说明汉代手搏与角抵已经不是一种统一的活动，这应该是可信的。后来三国时期，也有很多善长手搏的人，史籍也有记述。

三国时期魏武帝曹丕在他所写的《典论·论文·自序》中说，邓展擅长手搏，又称他可以空手夺白刃，这项技能有赖于他平时的训练有素，所以才能如此敏捷。

当时还有一种角抵游戏，叫作"摔胡"。匈奴出身的西汉将领金日磾是一位古代摔跤的好手，他所擅长的技巧就是摔胡，这种摔胡技巧便是后来相扑运动的前身。

金日磾原是匈奴族休屠王的太子，后来被汉军俘虏了。由于他为人忠诚，做事勤恳，被汉武帝提拔为侍卫，又升为了车骑将军。

其实，金日磾的摔胡动作可能就是北方少数民族的摔跤。在古代文物上也有类似的图像，比如后来在长安发掘了一座汉代古墓，墓中

殉葬物有两块透雕的铜牌。

透雕的花纹图像，在两匹战马之间，有一对长发高鼻的人，他们上身赤裸，下身穿着长裤，互相弯腰搂抱作摔跤的样子。无论是透雕工艺特点和图中人物形象，还是墓主人的身份，都证明这是我国北方匈奴等古代游牧民族的摔跤动作。

这个图像和金日䃅的摔跤动作互为验证，因此可以认为，在西汉时期，我国北方民族式摔跤已经传入了中原，并且已经和中原传统角抵相互交流了，这极大地丰富了我国古代的摔跤运动。300多年后，三国时代著名学者孟康作的《汉书注》中这样解释摔胡：

摔胡，若今相辟卧轮之类也。

摔胡在南北朝时称为"相扑"，是一种以摔扑为主的技术，它和手搏、角抵戏都有区别，可以说是秦汉时期角抵活动中的一种。

角抵在秦汉得到发展以后，在三国两晋南北朝时期得到了更快的发展。由于三国时期的曹操将角抵列为百戏之一，所以，角抵在民间得到了更广泛的发展和普及，在技术上也有了进一步的提高。甚至在宫廷及富人之家的宴会上，或者在朝廷迎送外宾的场合，角抵常常是百戏当中重要的表演节目。

三国时期角抵又翻出了新花样，出现了女子摔跤，三国时期著名学者虞溥在他所写的《江表传》说，吴国皇帝孙皓曾经命令宫女进行相扑。到了晋代，角抵才出现了"相扑"这个名称的，史书《晋书》记载说：

襄城太守责功曹刘子笃曰：卿郡人不如颖川人相扑。笃曰：相扑下技，不足以别两国优劣。

这便是"相扑"一词第一次出现明确的记载。两晋南北朝时期是我国古代民族大混合时期。西方和北方的少数民族进入中原地区以后，文化科学艺术得到一次大交流，体育比赛也得到互相切磋提高。

南北朝时，角抵是当时比赛最多的一个项目。这时角抵也称相扑、相辟、相攒，都是互相摔打的意思。《晋书·庾阐传》记载：

有西城健胡，矫健无敌，晋人莫敢与校。

这些都表明，在我国南北朝时期已经在不同地区之间举行角抵比赛了。这对于角抵活动的正规化是一个推动，同时也让角抵活动更加民间化了。

知识点滴

其实，在汉元帝时期，也就是公元前44年左右，元帝曾经因为当时自然灾害严重，下令废除角抵活动，以节省朝廷和国库的开支。

但这种禁令显然只是暂时的，东汉时，包括杂技、武术、舞蹈、幻术和角抵等文体技艺活动的百戏，随着时间的推移又有了很大的发展。

由于角抵在其中占有最重要的地位，所以百戏又被当时人称为"角抵戏"。

隋唐角抵活动的新发展

隋代开皇年间，嵩山少林寺有一个叫法通的和尚，他非常精通相扑，远近闻名。

当时在都城长安，从西域来了一个大力士，叫云大壮，他在长安北门摆下了一个相扑擂台，一连很多天，都没有人能胜过他。

后来这件事被隋文帝杨坚知道了，杨坚非常生气，他问大臣们说："难道我们大隋国就没有一个强者吗？"

于是，便有大臣向隋文帝杨坚推荐了法通和尚。杨坚马上派人去嵩山少林寺去请法通前来，令他去长安北门迎战云大壮。

结果，法通不负众望，果然赢了云大壮，为大隋王朝争得了荣誉。

其实在我国隋唐时期，角抵比赛已经非常普及了，这也加速了角抵技巧本身的进步，还有不同地区之间角抵的交流。

隋唐时期，随着全国一统，这样的交流更加频繁和多样化了。

隋唐两朝，是我国封建社会的繁荣和发展时期。隋唐经济的繁荣发展，通常都反映在农业、手工业上面。当然，隋唐经济的繁荣与发展也推动了文化的繁荣与发展，角抵文化也在这个时期得到了空前的大发展。

角抵活动在隋唐时期发展非常快，据史书《旧唐书·敬宗本纪》中记载了当时的盛况：

> 角抵戏，壮力裸袒相搏而角胜负。每群戏毕，左右军擂大鼓而引之。

这个时期，相扑和角抵这两个名称是并行的，其特点还是赛力型的竞技活动，而且大多是在军队中进行的。隋时角抵戏很是盛行，史书《隋书·炀帝纪》中记载：

> 角抵大戏于端门街，天下奇伎异艺毕集，看终月而罢。

还有，史书《隋书·柳彧传》中记载：

或见近代以来，都邑百姓每至正月十五日，作角抵之戏，递相夸竞，至于糜费财力，上奏请禁绝之。

这段文献中柳彧的奏章，也证明了隋代民间角抵戏已有非常大的规模了，而它的花费也很大，甚至到了不得不下令禁绝的地步了。

在唐代文献记载中的角抵，有一些是属于杂技艺人表演的范围，另外一些，则是上自宫廷，下至民间的普通角抵习俗。当时还产生了大批以角抵比赛为职业的专业人员。

这批人大约分为两种，一种出自民间，以角抵卖艺为生。另一种是宫廷教坊乐部所供养的职业角抵者，比如唐僖宗就将一些角抵选手养在宫廷中，可见当时唐代宫廷将角抵作为一种重要的活动项目。

当时的角抵活动，无论是衣着还是比赛规则，都已经达到了比较成熟的地步。后来人们在敦煌莫高窟藏经洞发现了唐代幡画，画面上为唐代两人角抵时情景，这就很像后来的相扑了。

在衣着方面，唐代角抵选手下身穿的远比前代狭窄得多，已经很难用短裤来形容了。莫高窟藏经洞的唐代幡画上的角抵图真实描绘了这一点。在唐代，角抵的地位是相当高的。皇帝在祭祀天地之前，一般都要先观看角抵比赛。据古籍中的记载：

文宗将有事于南郊，祀前，本司进相扑之人。上曰：方清斋，岂合观此事？左右曰：旧例也，已在外侍候。

这里的相扑也就是角抵，在隋唐时期，当时的角抵选手的身材个

个是异常肥硕的，他们通常一出场，就会以自己的身材赢得满堂的喝彩。隋唐时期有一本书叫作《角抵记》，里面记载了全国各处的角抵名家，有趣的是竟然大多都是南方人，不是浙江的，就是扬州的，从这点上说，当时南方人未必在这方面有什么劣势。

当时的角抵比赛比较成熟，已经与后来的摔跤大致相同了。唐代著名学者周缄所写的《角抵赋》中这样记载：

前劲后敌，无非有力之人，左攫右拿，尽是用拳之手。

当然，地区间的角抵比赛也反映了当时民间相扑技艺的交流，表现了民间当时的角抵情况。其实，在隋唐时期，西域少数民族到中原地区进行相扑比赛的情况也特别多。

宋代著名学者王谠所著的《唐语林》中记载：

唐代大梁节度使李绅，在检阅过镇海军选送的相扑能手富苍龙、沈万石、冯五千、钱子涛的技艺之后说："你们是真的壮士啊，有了你们我大唐就可以打赢西胡了。"

这说明李绅的这次角抵选拔，是特地为了同西域少数民族的相扑手进行比赛用的，这也反映了当时民族之间的角抵比赛已经十分的激烈了。

这些相扑比赛的史料，也反映了我国的相扑比赛已经有了正式的规则和裁判。正因为如此，两个地区或者两个民族之间的角抵运动员才能在一起比赛。

此外，隋唐的皇帝们也非常喜爱角抵活动，在唐代的宫廷里有两个专供皇帝娱乐的地方，一个是教坊司，一个是内园。教坊司里大都是歌舞伎，而内园却多是体育表演的健儿，其中很多都是角抵选手。史书《新唐书》上记载到："内园恒备角抵之徒。"这里面说的角抵之徒，其实就是专门供唐代皇帝们观赏的摔跤手。还有，史书中记载：

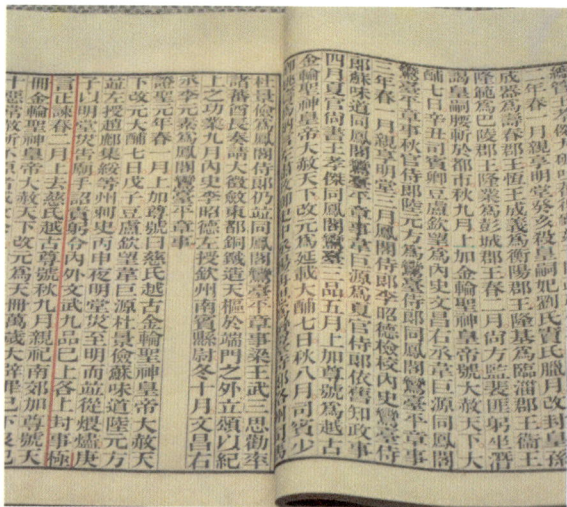

在藩邸，每宴，私与王郁角抵斗胜。郁频不胜，庄宗自矜其能，谓存贤曰：与尔一搏，如胜，赏尔一郡。即时角抵，存贤胜，得蔚州刺史。

这便是说，角抵作为隋唐时期宫廷的重要娱乐活动，它是各种表演节目的压轴戏。

在隋唐时期，角抵选手临上场前，左右军就会擂起大鼓。然后，在急鼓声中，一个个赤裸上身的角抵壮士便绕场而入，寻对扭摔。

他们一交上手，场外的观众就开始呐喊助威。等到分出了胜负之后，观众欢呼，急鼓三通。这场面确实很热烈，很激动人心。

唐代的皇帝们，除了观看神策军的角抵表演之外，还在宫内组织了相扑活动，他们征集擅长摔跤的角抵选手，经常都会有比赛。在当时涌现出一大批角抵高手，蒙万赢就是当时最突出的高手之一。

据古籍记载，唐代末年，有一摔跤能手，外号叫蒙万赢。只因为他拳手轻捷，赛场多胜，受赐丰厚，从此人们便称呼他为"万赢"。

蒙万赢是唐僖宗时候的著名摔跤手，他会蹴鞠，也会步打球，还会拿弹弓打鸟，当然最擅长的就是角抵。就因为这样，蒙万赢14岁就应招进入宫中了。他由于身手敏捷，成年后常胜不败保持了好多年，因此就有了"万赢"这个名号。

当然，"万赢"可能有些夸张，但是这也反映了唐代摔跤比赛的频繁和蒙万赢的摔跤技艺之高。相传他晚年时流落到两浙，受到吴越王钱镠的欣赏。

当时蒙万赢虽然年事以高，但在角抵比赛中，仍然能常常获胜。据说钱镠让蒙万赢专心指教几个门徒学习角抵，并让他主持修建了青山的伍子胥庙。

另外，姚结耳、刘仙子、李长子、李存贤、石彦能等都是隋唐时期的角抵高手。相传还有一个叫述的人，由于在角抵时被石彦能摔倒，而后就罢赛再不出战了，可见当时人们对角抵的胜败是很在意的。

还有，当时在军队里的角抵能手自然也有很多，左右神策军由于是皇帝的禁军，他们经常会有接触皇帝的机会，他们也总希望能够依靠这种技艺来获得赏识，因此角抵的风气更加兴盛了。

除了神策军以外，地方藩镇也常常推荐角抵出色的兵卒，再加上角抵的确能强健身体，因此成为了军队当中最常见的娱乐活动之一。

唐代晚期的时候，长安的"六军宿卫"往往是能够买得起军籍的城市游民，他们整天无事可做，有些钱的，就吃吃喝喝再做些生意，而其中身材健壮的，他们就整日玩些角抵之类的游戏，这也促进了角抵运动在当时的发展壮大。

隋唐时期民间的角抵也非常流行了，角抵在皇帝的喜爱和倡导下，唐代社会上摔跤活动的开展是较为普遍的。当时在民间，角抵更加流行了，无论南北，人们都要在节庆的时候聚集来比试角抵。

据古籍记载："唐，中元节，俗好角抵相扑，云避瘴气也。"当然，避瘴气只是当时一种迷信，实际是人们农闲时的娱乐。

还有，宋代佚名所著的《角抵记》上记载：

> 五陵、鄱阳、荆楚一带，五月盛集，水嬉则竞渡，街房
> 则相攒为乐。

这便是说，中南一带的百姓都喜欢在大街上摔跤，而那时的四川人都是要到神社前面的平地上去比试角抵的。那时候，家家户户都出来观看角抵比赛，人群密集得仿佛墙壁一般。

等到角抵比赛胜负分出后，神社就出一份彩头奖给胜者，人们再把他拥上马去，一起庆祝他的胜利。

由于角抵活动融入了传统节日风俗中，当时一些身在异乡的人们，在节日之际他们难忘家乡的习俗，便玩起了相扑，以解思乡之情。如古籍中记载：

> 荆州百姓郝惟谅，性粗率，勇于私斗。武宗会昌二年寒食日，与其徒游于郊外，蹴鞠、角抵。

当然，唐代民间角抵的风尚在传世绘画艺术中

也时有体现。在敦煌莫高窟藏经洞里，就藏有唐代幡画相扑图。画中人物赤身裸腿，形象逼真，是当时风行此项活动的真实写照。

隋唐时期是我国古代民族大混合时期。西域和漠北的少数民族进入中原地区以后，文化科学艺术都得到了一次大交流，体育比赛也得到了互相切磋提高的机会。

在隋唐时期，摔跤是当时比赛最多的一个项目。这时摔跤也称"相扑""相辟"和"相攒"等，其实这些都是互相摔打的意思，根据史书《新唐书》中记载：

在中原地区的襄城郡与颍川郡的联欢会上，就有相扑比赛。襄城人在输了之后反而解嘲地说："相扑下技，不足以明两郡之优劣。"

其实在当时，角抵比赛最能代表一个地区、一个国家和一个民族的尊严。为了维护这种尊严人们常常寸步不让，不争回荣誉，就决不善罢甘休。

还有，在隋唐时期的陕南一带，当时都设有角抵的擂台比赛，人们招募壮勇的人，让他们在山前平坦的场地上比赛角抵，获胜的人还会得到赏赐。

当时围观的人像墙一样堵着，万人空巷。这样的活动，从正月上元至五月份才结束。

宋元时期角抵的起起落落

北宋时期，著名的水浒英雄浪子燕青非常擅长相扑。后来，燕青听说山东泰安府有个任原摆下相扑擂台，他便前往泰安去迎战任原。

燕青脱了上衣，打着赤膊上了擂台，他要与任原对搏。

旁边一个裁判从怀中取出相扑社条读了一遍，他对燕青说："你知道吗？根据相扑惯例，你不许暗算！"

燕青冷笑说："我浑身上下只有一条短裤，拿什么去暗算他？"

任原冲了上去，要制服燕青。不想燕青却抢先了一步，他用右手扭住任原，伸出左手拦住任原，然后用肩胛顶住他胸脯，竟然直接将任原托了起来。

燕青又借力旋转他，等转了5圈后，

他将任原丢下了擂台，并大喊一声道："下去吧！"

燕青轻而易举击败了任原，被当时人们尊称为相扑的顶级高手。后来，太尉高俅被捉到梁山，宋江设宴款待高俅，可高俅心中却不服气，醉后狂言道："我从小学得一身相扑本领，天下没有我的对手。"

燕青一听非常生气，他哪能错过这个教训恶人高俅的机会，上前要求与他较量一番，高俅应允了。当时，两个人就脱了上衣，准备上擂台交手。一旁的宋江却担心燕青把高俅摔伤了，急忙喊人把软褥铺上。

高俅抢先冲了过来，燕青轻轻伸出左手，一把将高俅扭住，稍一用力，他便将高俅颠翻在地。高俅半晌儿挣不起，急忙认输讨饶。燕青的这一扑，被人称作"守命扑"。燕青只用一招，他就使高俅输得心服口服，可见燕青相扑的手段之高。

在宋代，相扑有很多招式。比如"虎抱头"就是以强打弱的招

数，"鹁鸽旋"则是以小打大的，还有燕青的"守命扑"，便是以巧取胜的相扑动作。

宋代相扑也相沿了隋唐时期相扑的形制和招式，这个时候的相扑崇尚武力，而当时，角抵和相扑这两个词是通用的，而且还有了"争交"这一个新的名称。据宋代古籍记载：

角抵者，相扑之异名也，又谓之争交。

宋金元时期的角抵活动更加盛行了，无论是从角抵的技巧、规则和类型等方面，还是当时人们参与的热情程度来看，都说明当时的角抵活动得到了很大的进步和发展。

宋代的角抵活动十分兴盛，经过长时间的发展，它比原来更加成熟，也更加多样化了。其实，我国的角抵运动在经过战国秦汉时期的发展，在晋代出现了另一个名称，也就是"相扑"。

相扑在整个宋辽金元时期角抵的发展中占主要地位。

当时，朝廷中凡有盛大的宴会，皇帝经常要请相扑手来进行表演，以作席间的娱乐，民间瓦舍中的相扑之戏也广为盛行着。

当时北宋首都汴梁每年都要举行一两次相扑比赛，并且相扑当时成为了一种流行的表演节目，甚至还出现了女子相扑。

当时进行的女子相扑，一般都是先由女子出来对打一番，然后派出大力士来比赛，力气最大的相扑手便可以领得奖赏了。

角抵和相扑一样，虽然主要是靠力量来战胜对方，但有时也要讲究一定的技巧。

在敦煌的一些壁画中，绘有一幅五代齐梁时期相扑图，图上画着

两名大力士在一个方形地毯上比赛相扑的形象。

图画里这两名相扑手一个人一手在前，一手在后，他们用弓箭步直取对方。其中另一个人则双臂弯曲，低俯着身体，左右回旋，伺机反攻。两人上场后不是立即就扭抱在一起，而是找角度，看时机，显然那时候就十分讲究技巧方法了。

宋金元时期的相扑大致可分为两类，一类是正式决胜负的比赛，有打擂台的性质。据古籍中所载：

若护国寺南高峰露台争交，顺择诸道州郡臂力高强，天下无对者，方可夺赏。

宋代正式决胜负的相扑比赛情景，可以从施耐庵所著的章回小说《水浒传》中见其概貌。以至于传说后来的摔跤运动就是浪子燕青所传所创的。

有一点是可以肯定的，那就是在宋代时的摔跤是有一定的规则的，而且是一项专业的技术动作。

还有另一类相扑，这便是平日在瓦舍等场所里进行的表演性的相扑，它的竞争性不像前者那样激烈。每逢相扑表演的时候，观者如潮，万人空巷，在当时的东京和其他地方都有这种表演。

在当时的百戏演出中，相扑表演无疑是最能引起观众兴趣的。相扑者的服装，大多是沿袭前代的旧制，比赛双方都是赤裸上身，下身光腿赤足，也有足下穿靴子的，一般只在腰胯间束一个短裤。

后来在陕西出土的两块金代砖雕，上面雕刻的画面就很典型地反映了两个力士在相扑前的一个瞬间，他们的身上就只穿着一个短裤。

砖雕上的这一相扑形式跟后来的相扑完全一样，因此，相扑这个形式是从宋元时期一直保留下来的。还有，角抵的徒手相搏以较高低，或者闲暇时间的角抵游戏，特别是男系社会里最通行的一种竞技游戏。

日本的相扑不仅和我国的角抵相似，也与敦煌石窟中的相扑图中的相扑打扮一致，这很难说是一种纯粹的巧合。从日本有关相扑的文献记载正好和我国相扑发展时代相呼应看，很难说这之间没有什么关系。至少相扑一词是从我国传入日本的，这大概不会有什么异议。

日本有关相扑比较确切的文字记载，是8世纪初编纂成的《日本书纪》，书内记述第三十五代天皇为了接待古代百济国使者，召集了宫廷卫士举行相扑竞赛。

尽管日本相扑由我国传入这个事实，目前没见到有明确的记载，但很多专家认为，在4世纪至6世纪，我国的角抵已经随着大量东渡的大陆移民传到了日本，而且相扑在我国出现后，也很快传到了日本。

还有，在宋代的史料中，角抵与相扑这两个名词其实是通用的，角抵是宋代宫廷宴会娱乐的压轴节目，根据史书《宋史·乐志》中记载："第十九用角抵，宴毕。"此外，在宋代著名学者孟元老所著的《东京梦华录》中《天宁节》中记载：

> 第九盏御酒慢曲子，宰臣酒慢曲子，百官酒舞三台，左右军相扑。宴退，臣僚皆簪花归私第。

不过，除了皇宫宴会里有相扑表演之外，朝廷的外交宴会当中也会有相扑比赛。根据史书《宋史·礼志》记载：

> 使人到阙筵宴，凡用乐人三百人，相扑一十五人，于御前内等子差。

这段文献中的"内等子"就是皇帝的御前侍卫，他们都是摔跤能手。根据南宋文人吴自牧所著的《梦粱录》记载：

> 内等子，隶御前忠佐军头引见司所管，于殿步诸军选脊力者充应名额，即虎贲郎将耳。每遇拜郊明堂大礼，驾前只顶帽、鬓发蓬松、握拳左右行者是也。

可见，当时的内等子都有很高超的摔跤技巧，当然也有规定的名额，其中分上等和中等各5对，下等8对。这些人都是经过专门挑选出来的，当时3年进行一次筛选，在本司中按照角抵水平高低按名次编排等级。

另外，在军队中为了提高士兵的武术水平，也经常举行角抵比赛。所以相扑在宋代军中十分流行，宋朝名将韩世忠和岳飞都在军中推行过相扑比赛，以求让军士们练武健身，他们还提拔相扑比赛得胜者为将领。

宋太祖赵匡胤，还曾经专门制定了军中以相扑决高下升迁的固定法则，并以相扑高手来担任御前内等子，每逢朝廷大朝会圣节或御宴中，他还照例用左右军相扑来助兴呢。

宋代著名诗人杨万里写诗赞美当时的相扑对决，诗云：

摔跤

广场妙戏斗成材，才得天颜一线开。

角抵罢时还罢宴，卷班出殿戴花回。

宋代民间的角抵活动非常盛行。宋代由于商业和手工业的发展，城市经济繁荣，大城市如汴梁、临安和金陵等，人口都增加到了几十万之多，城市中开始有了供市民们娱乐的"瓦舍"了。

在瓦舍的各种娱乐表演项目中，相扑表演是最受人们欢迎的，相扑艺人也是各种表演艺人中最多的。

据南宋文人吴自牧所著《梦粱录》中记载，仅南宋临安城一地就有著名相扑艺人五六十之多。如撞倒山、金板沓、曹铁凛、周黑大、曹铁拳、王急快、董急快、韩铁柱、黑八郎等，这些都是这本书中记载的摔跤好手。

宋代社会上人们喜爱看相扑比赛，这在元末小说家施耐庵所写的《水浒传》中有较详细的描写，这反映了宋代相扑的开展已经有了广泛的群众基础。

宋代人们称相扑比赛的规则叫"社条"，还称裁判叫"部署"。

由于在比赛中可能会失手死人，赛前双方都要立下生死文书。而且，宋代已经有了全国性的相扑比赛。根据吴自牧所著的《梦粱录》中记载：

若论护国寺南高峰露台争交，须择诸道州郡膂力高强、天下无对者，方可夺其赏。

还有，在相扑比赛中夺得头赏的人，便可得到旗帐、银杯、彩缎、锦袄、马匹等奖品。

南宋临安城的南高峰比赛是全国最高级的相扑比赛，赢得头名所获得的奖品是很丰盛的。

据说宋理宗景定年间，温州的韩福夺得了相扑冠军，他不仅获得了丰厚的奖品，还被封了官，当时被任为"补军佐"一职。

还有，施耐庵所写的《水浒传》上写的泰山庙会的相扑比赛，可见当时泰山庙会也是全国性相扑比赛的场地。《水浒传》中任原在擂台上夸口说：

四百座军州，七千余县治，好事香官恭敬圣帝，都助将利物来，任原两年白受了。今年辞了圣帝还乡，再也不上山东了。东至日出，西至日没，两轮日月，一合乾坤；南及南蛮，北济幽燕，敢有出来和我争利物的吗？

从这段话，可以证明在宋代泰山庙会中，相扑已经是全国性比赛了，甚至连奖品也是全国各地赞助来的，这更说明宋代相扑运动具有广泛的群众基础。

当然，还有明代刊印的《忠义水浒传》中有幅反映宋代摔跤场面的插图，图的左上方有一个官吏端坐着，他观看着摔跤比赛，身旁站立着一位侍从。

摔跤场台下，更有不少观者在观看摔跤比赛。这幅图像和《水浒传》上所描写的摔跤情景基本是吻合的。

还有，古代佚名所著的《角抵记》中记录了宋代一首《题墙上相扑画》，诗云：

黑汉勾却白汉颈，白人捉住黑人腰，

如人要辨输赢者，直须墙隤始一交。

这首诗反映了当时不仅广泛开展了相扑运动，而且还有了以相扑为题材的壁画。它还同时说明，相扑比赛都是以巧取胜的，当场便可以分出输赢，不必非要将对手打下台去。

据宋代文学家周密所著的《武林旧事》中记载，宋代的相扑表演艺人中还有一种假装相扑的艺人，他是由一个人俯下身来，穿着假外套，一个人扮成两个人在相扑的游戏。

还有在北宋时，女子单独表演相扑也非常流行。

宋代艺人中就有了女相扑手，据宋代学者吴自牧所著的《梦粱录》中记载，南宋临安城中就有女相扑手赛关索、嚣三娘、黑四姐、张椿等10人非常有名。

宋代市井生活异常热闹，一幅《清明上河图》足够说明了这一切，而相扑运动也在这个时候发展到了顶峰。当时坊间出现了许多女相扑手，周密所著的《武林旧事》中称她们为"女飐"。

这便是指她们的招数变幻难测，身法疾速如风。其实，这些女相扑高手的主要任务是热场，为男相扑比赛制造气氛，提升人气而已。但只要她们一登台，三教九流纷纷聚拢了过来，叫声、喊声和嬉笑声一浪胜过一浪。

史料中记载，正月十五上元节，都城开封有妇人相扑。女相扑手身穿无领短袖进行相扑比赛，引得观者如潮，就连皇帝都去观赏了。

还有，北宋著名政治家和文学家司马光在他所写的《论上元令妇人相扑状》中记载到，宋仁宗皇帝在宣德门观看各种艺人表演节目，其中就有女子的相扑表演。

她们体格肥硕健壮是其中的看点之一，但不足以吊起围观者全部的胃口。还有，举办活动的商贾也是功不可没的，当时的商人深谙眼球经济，又能抓住消费者窥视的心理，他们将这二者结合起来，场面不想火爆都不行了。

因此，当时朝廷重臣、著名史学家司马光首先就进行了激烈的反对，他认为这样有伤风化。为此他上书皇帝，请求禁止这种妇人相扑的风波。司马光在给皇帝的奏章中说：

> 臣窃闻今月二十八，圣驾御宣德门，召诸色艺人备进技艺，赐与银绢，内有妇人相扑者也被赏费。
>
> 上有天子之尊，下有万民之众。后妃侍旁，命妇纵观，而使妇人相扑于前，殆非所以隆礼法，示四方也。

司马光认为，宣德门是皇帝发号施令圣地，皇上携后妃在此观看女子相扑，有悖常道。所以，司马光要求皇帝加以取缔，提出了不能再让女子参加相扑比赛这个建议。

司马光以封建礼教思想反对女子相扑，这也迎合一部分封建士大夫们的心理，这对女子相扑运动开展也很有影响，不过这还是没有从根本上妨碍女子相扑运动的发展。

后来事实也证明了，女子相扑并未因此而绝迹。到南宋时，都城临安举行男子相扑，总是先由女子相扑手进行表演，以招揽观众，这就是相扑表演的开场赛。

关于女子相扑艺人，这是我国最早的记载，但女子相扑这却不是最早的。早在三国时期，东吴的国主孙皓，就曾经令宫女进行相扑表演，这种以娱乐为目的的相扑，当然不会有多少摔扑的技巧了。

不过，宋代的女子相扑却是非常讲究技巧的，它已经不是当初那些宫女们的相扑表演能相比的了。就以女子相扑来说，女子敢于和男人比赛相扑，在失败之后，却毫无羞怒之色，这的确说明了宋代的女子相扑在不断地进步。

宋代还出现了一部名为《角抵记》的书，它是一个署名调露子的人编写的。书中把宋代以前有关角抵的形式做了明确的记录，这是我国体育史上最早的一部角抵著作。

角抵也就是摔跤，它在我国有着悠久的历史，是一项优秀的民族体育项目。可是，由于种种历史的和社会的原因，留传下来的摔跤文献很少，《角抵记》是我国最早的一部角抵专著，也是我国最早的一部体育史论著。

因此《角抵记》是一本不可多得的历史摔跤文献。《角抵记》诞生于9世纪后期，它记载了我国从春秋战国到五代十国的摔跤历史。

据史书《宋史·艺文志·卷五》中记载，《角抵记》的作者是调露子，但调露子的真实姓名和年代却是无法考证的。

《角抵记》全书共分述旨、名目、考古、出处和杂说等几个部分，它详细地介绍了角抵名称的演变，如相搏、相扑、相扠、角抵、手搏、拍张等。

《角抵记》中还记载了古代角抵的规则。也就是只能是两人徒手互相角抵，即使在两军阵前，摔跤赌胜也不许其他将士协助，倘若有一个人手持了兵刃，那就不能算作摔跤。

至于比赛时间和采用的动作，在《角抵记》中并没有明确的规

定，可以拳打脚踢、夹头颈和扭关节等，但最终必须把对方摔倒或使对方失去战斗力才算获胜。

《角抵记》的后一部分还记载了当时角抵比赛的实况，其中最热闹的是正月十五上元节。在角抵表演时，经常出现万人空巷看比赛的盛况。

《角抵记》作者对角抵产生和发展作了较为系统的研究和总结，这是前无古人的。作者还大胆地反对儒家的各种观点，对角抵作了公正的评价，这在当时是非常难得的一种思想。

作者实事求是地从民俗崇尚、社会发展和地理环境影响等方面对角抵产生发展进行了全面的论述，具有一定的科学性。

总之，《角抵记》是我国古代摔跤发展史中独一无二的传世佳作，为后人研究古代体育活动发展史实和理论，提供了极其宝贵依据，它的史料价值就更加珍贵。

辽代的相扑运动也十分普及，辽国宫中的相扑活动也极为盛行，而且还载入了辽国法典。辽代制度规定，皇帝在册封皇后时，要让艺人们表演百戏和角抵戏作为压轴节目。

辽代皇帝在宫中诞辰宴饮和宴请使臣以及在各种大型节日的宴会上，一般都有技艺精湛的相扑和角抵表演。

古籍记载，辽代天显四年，辽太宗耶律德光在宴会群臣和各国使节时，就在宴席上观看了俳优和角抵等表演节目。还有，重熙十年十月，耶律宗真为了招待皇太子库里噶里生和北宰相驸马音巴宁，辽兴宗便命令御前卫士们表演角抵，以助酒兴。

不仅仅是宋辽两代，就连金代也十分推重相扑活动。金代皇帝往往从各类角抵比赛中，选拔武艺高强的武士来充当他的侍卫，以确保自己的安全。

史书《金史》中记载，金太祖完颜阿骨打曾经令数人两两角抵，他的宗弟完颜昂年仅15岁，可他却在角抵比赛中连胜6人，而且屡战屡胜。

太祖完颜阿骨打非常高兴，他对完颜昂说："从今往后你便跟随我左右吧！"几天后，太祖赐给完颜昂一面金牌，让他佩带上金牌做自己的贴身侍卫。

元朝王室起于北方蒙古族，他们在辽阔的草原上以游牧为生，他们的习俗便是重视骑马、射箭和摔跤，蒙古人称这三项为"男子三项竞技"。

在蒙古部落联盟选举中，只有男子三项竞技超群的人，才有资格被推为部落联盟首领。蒙古大汗成吉思汗手下名将合撒儿、别勒古台、木华黎、哲别和苏别额台等人，他们都是"男子三项竞技"能手。

据《蒙古秘史》记载，成吉思汗于1218年远征前，他商议将汗位委托

给皇子。于是拙赤、察哈台二子便开始竞争汗位。

拙赤站起来揪住察哈台的衣领说："如果我射箭射不过你，我自己咬断拇指放弃皇位。如果我摔跤摔不过你，我就自动倒地愿听父汗圣旨裁夺。"这表明，在蒙古族中如果想继承汗位，射箭和摔跤是重要条件之一。

在蒙古族那达慕大会上，男子三项竞技是大会的重要内容，获得冠军的人能得到很多奖品。

后来到了元朝之后，蒙古人还要经常进行这三项竞技比赛。根据《元史》中的记载，元代大汗或者皇帝经常赏赐千两白银给角抵比赛的胜利者，这也说明了皇帝和臣民对这项活动的重视，使得元代角抵活动无比兴盛。

蒙古族以游牧为生，妇女在游牧生活中也占有相当重要的地位，所以她们并不受封建礼教歧视妇女观念的影响。妇女们也可以参加男子三项竞技比赛，而且有的妇女还胜过了男子。

知识点滴

元代皇帝禁止民间习武和摔跤，这严重地阻碍了角抵活动的开展。但也有个别皇帝例外，元武宗海山就大力倡导角抵。

大德十一年，元武宗因为马谋沙在武士的角抵中获胜，便提拔他为平章政事。后来，又有一个叫阿里的人也在角抵比赛中获胜了，元武宗便赏赐阿里白银1000两。

明清宴会上的角抵表演

清代顺治年间，清王室的王公贵族中也出了一些角抵的能手，角抵在当时也被称为"布库"，这便是满语中"角抵"的音译。

有一年，蒙古族的喀尔喀使臣来北京朝见顺治帝，按照惯例，清王室在宴会时举行了布库比赛。可是蒙古人摔跤实在是厉害，当时御前侍卫的布库能手都败在蒙古的使臣手下。

皇太极二兄代善之子惠顺王就是个布库高手，他知道后便要求与蒙古使臣较量一番。

顺治帝准许了惠顺王，让他伪装成侍卫与使臣比赛。惠顺王果然厉害，经过一番激战，他打败了蒙古使臣。

顺治帝很高兴，便重赏了惠顺王，而惠顺王这一年才满20岁。

其实，清王室满族人也是十分重视摔跤的。清王室提倡布库的目的，一方面是为了训练士兵的力量和搏斗技术，史书中原话是："布库诸戏，以习武事"。

另一方面也是为了和蒙古族诸王联欢时候用。清太宗皇太极为了进军中原，极力加强和蒙古族诸王的团结，所以他经常和蒙古诸王们举行宴会。

布库是蒙古族和满族这两个民族共同喜爱的活动，于是它就成为了当时宴会上的重要内容。

其实，除了蒙古族和满族，清代藏族人也非常喜爱角抵运动。拉萨布达拉宫的壁画中，就有一幅清代藏族人摔跤图，这反映了藏族也非常喜爱摔跤活动。

清朝的八旗军是清王室的基本部队，在八旗军中经常开展布库比赛。军中分左右两队，皇帝令他们进行角抵比赛来分出胜负，输了的一方便要接受惩罚，也就是要赔给胜利者一定数量的牛羊。

这项规定大大地推动了清代布库运动的开展。当然，清王室的御前侍卫大多都是布库的能手。他们一方面可以

保卫皇帝的安全，另一方面在宴会中随时可以出来表演布库比赛。

后来，康熙十六年康熙帝扩大了布库侍卫的组织，成立了善扑营。

康熙之所以要组织善扑营，因为他的布库侍卫能够为他打败大臣鳌拜，重新赢回政治的权柄，那些布库们为此可是出了大力气了。

其实，康熙帝爱新觉罗玄烨8岁就登基了，可是朝廷的大权完全掌握在大臣鳌拜手中，到了15岁，他决心要打败鳌拜，消除这个隐患，收回本属于自己的权力。

可是，当时大臣鳌拜的势力实在太大了，那时候朝中布满了他的党羽，一旦走漏了风声，这个计划不但不能成功，反而还会酿成一次大的祸乱。据清代古籍中记载：

> 小内监强有力者，令之习布库，鳌拜或入奏事，不之避也。鳌拜更以帝弱，且好弄，心益坦然。
> 一日入，帝令布库擒之，十数小儿执鳌拜，遂伏诛。

这段文献也证实了康熙确实利用训练布库的方式，瞒过了别人的监视，实现了打败鳌拜的目的，这表现了他的英明果断。

从此，在清朝康熙帝以后的皇帝侍卫中，就都从"善扑营"中来

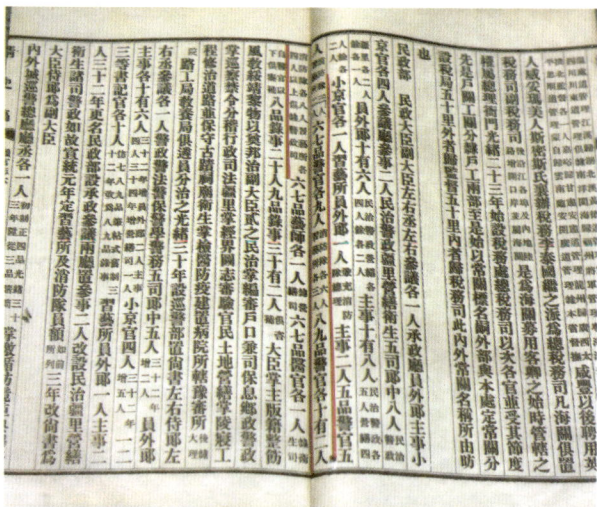

挑选御前侍卫了。而"善扑营"都是从八旗军中层层选拔出来的，他们个个是身高力强的壮士。

清代还有一首专门写"善扑营"的《竹枝词》，诗云：

布靴宽袖夜方归，善扑营中个个肥。
燕颔虎头当自笑，但能相搏不能飞。

其实，清王室进入中原之后，他们与蒙古族诸王的联欢宴会，还有宴会上的角抵比赛，形成了一种固定的制度。史书《清史稿》中记载：

列圣巡幸木兰，蒙古诸台吉及四十八部盟长，例于出哨之后，恭进筵宴，习武合欢，有所谓塞宴四事者。

这说明，在康熙和乾隆盛世时，帝王们几乎年年都要在木兰围场举行围猎和塞宴，而其中布库比赛，便是塞宴中压轴的表演项目。

清代著名画家张文翰绘的《塞宴四事图》便描绘了清代塞宴时的角抵比赛。这是一幅极为珍贵的历史文物，图画生动地反映了满蒙两族联欢的景象，其中清代布库选手们的装束确实是后来的兜裆裤了。

临赛时，布库选手们握拳舞掌互相行礼，然后扭打在一起，比赛之后，胜者被赏赐饮酒一卮，失败者就只能怏怏而去了。

清代摔跤的形式上有两种，一种是布库，这是满族和蒙古族的民族式摔跤。

还有另一种叫"厄鲁特"，根据史书《清史稿》中的记载：

　　　　袒褐而扑，虽蹶不释必控首屈肩至地乃为胜。

这种摔跤玩法有点类似后来的摔跤比赛，这便是说一定要让对手肩背一起着地，才算是分出了胜负。

我国古代的摔跤，从角抵到布库延续有3000多年的历史了，真可谓源远流长。在摔的方法方式上，从拳脚并用和徒手搏斗，发展到后来的以摔绊为主的技巧，这些都说明了我国的角抵运动一直在进步。

最开始从汉代开始摔跤和手搏出现分支以后，角抵运动由军事训

练的手段走向了社会的娱乐活动，这便使摔跤成为各民族文化娱乐中历代不衰的一项活动。

不过，角抵活动在晚清之后也随着没落了，还有清代的"善扑营"也随着清代皇权的灭亡而瓦解了，晚清宫廷的摔跤手们便分散到全国各地去谋生了。

有人当了武术教师，有的则变成了沿街摆摊卖艺的人，而传统的角抵方法也濒于失传了。

到晚清时期，有三大流派的摔跤手，他们随着善扑营摔跤手们走向民间，便把摔跤技术传播到了全国各地。

这些摔跤手们在保定、北京、天津这三个地区形成了中心，以这三个中心为发源地，逐步形成了清末时期的保定摔跤、北京摔跤和天津摔跤三大流派。

根据我国清代古籍中记载，所谓的"保定摔跤"，其特点就是快速将对方击败的一种摔跤手段，这种保定摔跤非常注重摔跤技术的应用。

在比赛时，两个人站好，然后敏捷地相互靠近，两人手一搭上，他们就会立即扭摔在一起了。这种摔跤擅长使用撕、崩和通等技法摔倒对方，非常善于以小制大。

保定摔跤轻视只用蛮力的摔法，特别重视摔跤技术的运用，属于大架势的跤法。晚清著名摔跤手有平敬一、张凤岩、白俊峰、顾瑞、满老明、石老俊、安老华、周老俊、吴四等人。

所谓晚清的"北京摔跤"，其实是继承清代"善扑营"的角抵遗风而形成的。

北京的摔跤动作比保定摔跤明显缓慢了很多，比赛时凭借力量把对方摔倒，其力量胜过了技术，这是两者最大的区别。

因为北京摔跤的架势比保定摔跤的架势小，所以也被人们称为小架势摔跤，俗称"黄瓜架"，又因为北京摔跤多在满族中发展出来，所以又称为"满族摔跤"。

晚清著名的北京摔跤手有闪殿宝，其后继承者有沈友三、宝善林、杨春恒等人。"天津摔跤"，可以说这是介于保定摔跤与北京摔跤之间的中间型。在比赛时，天津摔跤动作比保定摔跤慢，但又比北京摔跤快。

这种摔跤的特点，是动作粗野而刚猛。著名的摔跤手有穆祥魁、刘少增、卜思富等人。

在清代，这几种摔跤的传播者，在民间留下了许多佳话。在他们的带动与教导下，一批批摔跤能手辈出，一批批高手不断涌现。

晚清时期的"善扑营"虽然解体了，但他们毕竟是积攒了200多年的专业摔跤训练的经验，可想而知当时摔跤的技术水平绝对是不低的，可惜却没有一部完整地记录当时技术方面的资料。

据说在清代民间有摔跤书谱流传下来，但可惜数量很少，有的人又大多秘不外传，所以几乎很难看到清代的摔跤书籍，这对于我国摔跤的发展，无疑是一个不小的损失。

在清代，北京、天津、上海、南京、济南和沈阳等地都有卖艺的摔跤场。这些地方是摔跤爱好者集会的地方，它在开展摔跤运动、交流技术、提高个人技艺方面起了一定作用。

清代帝王对摔跤非常重视，并将摔跤的方法加以改进，去掉了其中不科学的部分，使之成为民间广泛开展中的体育活动之一。

清代摔跤手们在比试较量过程中，切磋技艺，交流经验，不但提高了技术水平，而且增进了民族团结。

另外，由于清代有了较为健全的摔跤规则，精彩的比赛场面屡见不鲜。

正是由于清代的这些规则鼓舞着广大摔跤爱好者积极锻炼，不断提高摔跤的技术水平，从而迅速推动了清代摔跤运动的开展。

清代各地的角抵选手根据角抵规则的精神，经常进行摔跤比赛，交流角抵的技术和经验，经过深入的研究，都把本地区传统的摔跤特技应用于摔跤比赛中去了。

清代摔跤手们经过系统的训练和与其他选手的经验交流，不仅在摔跤技术水平上有了提高，而且自身的摔跤技术特点也更加鲜明和突出了。

例如，北京、天津的摔跤手擅长手法和技巧动作，讲究以巧取胜。而蒙古族摔跤手腿脚灵活，力量特别大，他们常以"假踢真拧"和"得合勒"等技法击败对手。

清代新疆的摔跤手们喜欢搂抱上摔，就是把对方抱起来抡几圈再摔下去，这在当时堪称一绝。

清代华南地区的摔跤手们动作扎实，基本功好，他们特别擅长抱腿，技法神出鬼没，防不胜防。

清代角抵选手的技术向着准确多变的方向发展，他们的战术向着

积极快速的方向发展。这些角抵选手勇猛顽强，体力充沛，动作敏捷，善于连续进攻，不给对方喘息机会。

清代的摔跤吸收了相扑和柔道的一些技术和战术，其中摔跤中的"过胸摔"、自由式摔跤的"抱腿""抓袖背"等技术都是从相扑中吸取到的宝贵经验。

经过5000余年实战搏击技术的发展，传统的角抵虽然已经明显地区别于其他拳术，逐渐演变成为一种竞技表演项目，突出了它本身所具有的娱乐性。但是，不可否认，角抵也有较强的搏击性能。

实战搏击离不开角抵活动的配合，而角抵同后来的拳术和武术也很有渊源。纵观清代武林各门派的搏击之术便可以发现，大多数门派都将摔跤角抵作为本门的重要搏击手段之一。

在清代有些拳种的功夫，完全就是在角抵的基础上，糅合了传统的武术中内功劲力的基本原理而形成。由此可见，传统角抵在我国的武学体系中，也占有着极其重要的地位。

我国清代的传统跤法的技术特点，就是采用了巧妙的技法，以最快的速度将对方摔倒在地。这样不仅可以摆脱敌方的进攻，还可以控制和震慑敌方，使其始终处于劣势。

自古以来，我国武林界就有"三年拳不如一年跤"的说法，这说明了我国传统角抵也是提升武术搏击的一条捷径，同时也证实了角抵的实用性非常强。

我国清代传统角抵的技术动作非常丰富，仅各种类型的进攻性角抵技巧和破解反攻性的技巧，就不下几十种。

特别是清代传统角抵中所蕴含的手法、步法、身法和腿法等技能，对后来武林各门派武术中的夹跤技艺，具有非常重要的启迪作用。

知识点滴

清代人们认为，人体有五大要素，力量、耐力、速度、灵敏、柔韧。中华民族的传统跤法，是一项综合了五大要素的特殊运动项目。

我国清代的角抵技巧娴熟，选手们能够干脆利索地摔倒对方，自己又不失重心，形成"一倒一站"的摔跤特色。

这些特色的形成，不仅体现出我国高超的角抵动作技巧，也能给人以高雅的艺术享受，具有很高的观赏价值。

马球活动

　　马球是人骑在马背上用长柄球槌拍击木球的运动，古称"击鞠"，也叫作"打毬"或"击毬"。是唐代最盛行的体育项目之一。后来马球经过漫长的发展，除产生了后来被称作"小打"的驴鞠游戏，也开始出现适合女子徒步进行的步打球游戏。

　　在我国古代马球活动中，所用的马球有一种是外包皮、内置毛发等类的软毬。马球是一项相当惊险、激烈的活动，所以要求竞技者不仅具备强壮的体魄、高超的骑术与球艺，更要有勇敢、灵活、顽强、机智的素质。

古代马球的起源与兴盛

　　唐代开元年间的一个夏天，一位名叫李宽的骑兵将帅，正率领着骑兵小队在齐鲁地区巡视。李宽骑着一匹大红马，手执红缨枪，忽然望见不远处有个桃林，便下令让骑兵们穿过桃林。

　　桃林处有几个百姓在采摘桃子，李宽看到百姓，急忙令骑兵们慢下来，让他们昂首挺胸，雄姿矫健骑马过去。正这时，一个桃子从树上掉下来，滚落到骑兵们的马前。

　　战马长途奔跑，早已困乏，一个个便冲桃子跑去。李宽心道："队伍绝不能散，也不能让战马啃食齐鲁百姓的桃子！这样肯定会有损我大唐军威的！"

于是李宽下令骑士们一边勒住战马，一边执起长枪去拨弄桃子。就这样，一个桃子在骑兵队中被来回拨弄，最终也没被战马吃掉，百姓们很受感动，纷纷点头夸赞。

等将帅李宽带领骑士们穿过桃林后，他突然想到自己在军营里常玩儿的一种叫"马球"的游戏，其中马球的球子由于是木质的，所以很硬，弹性也不好。但是今天拨弄的这个桃子却非常软，弹性比木球好很多。于是，李宽便由拨弄桃子的事，想到了去改进"马球"的球子，最后，他用外包牛皮，内置毛发等类的软毬代替了木质球子。后来这种软毬传遍了大江南北，在当时引起了轰动，最后马球的球子都改成了这种软毬了。

我国唐代的马球称"击鞠"，也叫作"打毬"或"击毬"。马球是唐代最盛行的体育项目之一，打马球的比赛方法很简单，根据北宋著名文学家司马光在他所著的《资治通鉴·唐纪六十九》中记载：

> 凡击毬，立毬门于毬场，设赏格。各立马于毬场之两偏以俟命。神策军吏读赏格讫，都教练使放毬于场中，诸将皆骤马趋之，以先得毬而击过毬门者为胜。
>
> 先胜者得第一筹，其余诸将再入场击毬，其胜者得第二筹焉。

唐代是我国马球盛行的时期，上自皇帝，下至诸王大臣、文人武将，大多"以此为乐"此外，在新疆阿斯塔那唐墓中出土的打马球俑，其形象也惟妙惟肖，这些都生动地反映出了唐代社会喜爱马球活动的风尚。

关于马球的起源，目前有几种不同的看法。一种认为马球和步打球都起源于古代波斯，通过丝绸之路，马球由波斯传到了西域，再由西域传入了长安。

还有一种认为马球起源于中古时期的吐蕃国，也就是后来我国的西藏地区，马球在吐蕃被发明出来后，这才向东西方开始传播。

最后一种则认为马球起源于中原，在东汉后期我国就有了马球，马球是由汉代蹴鞠发展演变而来。

唐代马球之所以能够迅速发展，并且盛行300年而不衰，有其社会原因和历史原因。我国古代的骑兵虽然创始于战国时的赵武灵王，但

当时只不过是一个步兵的附属兵种。

一直到南北朝时期，军队里才盛行甲马，就是给马匹穿上防护的甲具，这时的骑兵才能被称为"铁骑"的。

后来，唐太宗李世民改变了这种骑兵装具，将它变成为轻骑兵，这样就更发挥了骑兵快速机动与远程奔袭的特长。这种特长符合大唐帝国地域辽阔、疆土广大的战略需要。

因此，唐代自建立以来就一直重视骑兵部队的建设。据史书《新唐书·兵志》记载：

自贞观至麟德，四十年间，马七十万六千；天宝后，王侯、将相、外戚牛驼羊马之牧布诸，将校亦备私马。

议谓秦汉以来，唐马最盛，天子又锐志武事。

这段文献说明，在唐代，马匹是建设骑兵的基础。有了马匹，还要训练骑术和马上砍杀技术，而马球运动就是训练骑术和马上砍杀技术的最好手段。

唐代开展马球的目的就是为了军事训练。唐代著名学者阎宽在他所写的《温汤御球赋》中说：

击鞠之戏者，盖用兵之技也。武由是存，义不可舍。

马球是唐代一种军事训练的手段，同时也是一种很好的娱乐活动。"百马攒蹄近相映，欢声四合壮士呼"。这句诗形象地描写了唐代人们玩马球时的激烈场面。

唐代无论是参加打球的人，还是观看比赛的人，都能因参与马球而运动使人精神振奋。唐代是我国封建社会的鼎盛时期。贞观、开元之时，天下富庶，社会上就需要有一些休闲的娱乐。

于是，马球运动就成为了社会欢迎的活动了，作战的军士要练武，闲暇的富民要娱乐，将练武与娱乐结合起来，这就是唐代马球运动能够蓬勃开展的社会原因。

唐代马球之所以得到迅速的发展，除了社会原因之外，还有唐代上层社会喜爱和重视的因素。唐代的皇帝及王室贵族，大都是喜爱马球活动的。古人云："上有好者，下必有甚焉。"这是社会现象的一个普遍规律。史书《唐书》的本纪中，常常有皇帝在某处击鞠的记载，说明唐代皇帝大都喜欢亲自上场打马球，而唐代皇宫中有好几处马球场是专供皇帝打球的。

唐代有一幅《明皇击鞠图》，其中就描绘了唐玄宗李隆基与众嫔妃击鞠娱乐的场面。后来在乾县发掘了唐章怀太子李贤墓，墓道两侧有50多幅保存较为完好的唐代壁画，其中《马球图》就是其中很有名的一幅，画面上有正在跑动的20余匹骏马，它们体态丰满，细尾扎结，而骑马人头戴幞巾，脚穿长靴，手执鞠杖。一位骑着枣红马的骑手跑在最前面，他高举鞠杖，侧身向后击球。球在场中滚动，后面几个骑手驱马争抢。

后来，在长安还出土了一枚唐代"打马球图"的青铜镜，马球比赛的图像也十分逼真。

在长安大明宫含光殿遗址出土的一块石志，上面写有"含光殿及球场等大唐大和辛亥岁乙未月建"幸铭文。这说明了，含光殿球场的建筑年代在大和辛亥，也就是唐文宗五年，即831年。

同时这也说明了，唐代在皇宫里修建球场是专门为了皇帝和王宫显贵们所用的。由于经常参加打马球比赛，有几代皇帝的球技还是非常高超的。

如唐宣宗李忱，他可以骑在飞奔的马上，用击鞠杖连续击球几百次之多。唐僖宗李儇也曾经向他的近侍夸口说："如果我要设置一个打马球的进士科，那么我·定可以考中状元。"

唐代打马球所用的球，状小如拳，多取用质料轻而坚韧的木头挖空而成，并将球子漆为红色或描以彩绘。古人通常称马球子为"球子""画球""朱球""珠球""朱漆球"等。

球杖有"月杖"之名，长数尺，头端变曲如月。宫廷球杖更是讲究雕纹彩绘。

唐代打马球分为单、双球门两种比赛方法。单球门是在一个木板墙下部开一尺大小的小洞，洞后结有网囊，以击球入网囊的多寡决定胜负，双球门的赛法与现代的马球相似，以击过对方的球门为胜。

作为唐代军事训练的手段，唐代马球受到军队各级将帅的重视。唐代文人也有不少人是会打马球的，但文人当然没有武将的马球技艺高，也不会像军中马球开展得那么普遍。

进士科是唐代文人最光荣的出身，有"三十老明经，五十少进士"之说。文人都希望由进士科走入仕途。而进士科中榜后有三大盛会，也就是慈恩寺题名、曲江游乐宴会和月灯阁下打球。

这是文人占得鳌头后最得意的活动，如果不会打球，便会使盛会大加扫兴了。所以，每年科举考试后，那些在金殿对试时对答如流、笔走龙蛇的书生们，就又都成了身手矫健的马球行家。

唐代文人由文入武，当了节度使的也不乏其人。如诗人李绅、高适、张建封等。文人当了节度使就要训将练兵，当然就要会打马球了。所以，唐代诗人张建封在他的诗中说：

仆本修文执笔者，今来帅领红旗下。

不能无事习蛇矛，闲就平场学使马。

还有五代学者王定保在他所著的《唐摭言》中，还记述了这样一段月灯阁下打球的故事。

据说在晚唐僖宗乾符四年，新贡士们集会在月灯阁下准备赛球，场外已经围了几千观众。突然，有几个神策军闯进了球场，手拿球杖，策马奔驰。其用意很明显，是要和新贡士较量一下。

晚唐时期，朝廷政权完全掌握在宦官之手，而左右神策军就是宦官手中的两把刀子。虽然这次是无理取闹，新贡士也不敢公然得罪他们。但这天的盛会，是新贡士出头露脸的大喜日子，如果在几千观众面前输了球，是很丢脸的。

正在为难之时，有一个新贡士叫刘覃的挺身而出说："让我去教训教训他们吧！"

说完，刘覃跨马执杖驰进了球场，他向在场的几个神策军拱手道："新贡士刘覃，特来奉陪练球！"

这几个神策军见有人应战，便拿出球子与刘覃比赛。谁知只驰驱了几个回合，球子便被刘覃夺得。他只有一个人，无法传球，便在马上连击几次后，一个大打把球子打向空中，球子飞出球场，不知落到何地去了。

这几个神策军想不到一个文人竟然有这样高超的球技，有这样大的击球力量！一个个目瞪口呆，垂头丧气，在几千名观众的嗤笑声中，面红耳赤地离开了球场。

唐代不仅仅男人打马球，就连女人也非常喜欢打马球。马球运动

在唐代，不仅在帝王与文武百官之间流行，还普及民间，连妇女也成了马球活动的参与者。

唐诗人王建的《宫词》中有说到皇宫内宫女打球的诗句，诗云：

新调白马怕鞭声，隔门摧进打球名。

还有后来唐代李贤墓中出土的《唐代妇女打球图》铜镜，以及新疆火洲出土的《唐代彩绘打马球泥俑》，都反映了唐代女子马球运动的普及情况。

同时，随着女子马球的盛行，一种体形较小，跑得较慢的骑驴打球运动，也在妇女当中应运而生。与马鞠相对，可以称之为驴鞠。因此，马球成为唐代独具特色的一项女子体育运动了。

知识点滴

马球的对抗强度增加，缘于古代马具的改革。大约在西晋时期，也就是3世纪左右，马镫才被我国古人发明出来。

马镫的发明使得骑手双手获得了解放，随之马球变得越来越普及而好看。

马球在汉代起源，经过发展，在唐代开始盛行。由于马球的昌盛与古代骑术的发展有着一定关系，因此，它的发展必然受到骑术的影响。

五代以后马球的逐步衰落

　　到了五代时期，马球继续流行。当时在皇宫中打球，是宫女们的主要娱乐活动。前蜀皇帝王建就将成都官府内的旧球场改建成了皇家大球场。后主王衍为了便于打马球，专门在宫苑内养了数百匹好马，还对其中几匹特别的取了，诸如"锦地龙""掠地云""雪面娘"和"天花落"等好听的名字。

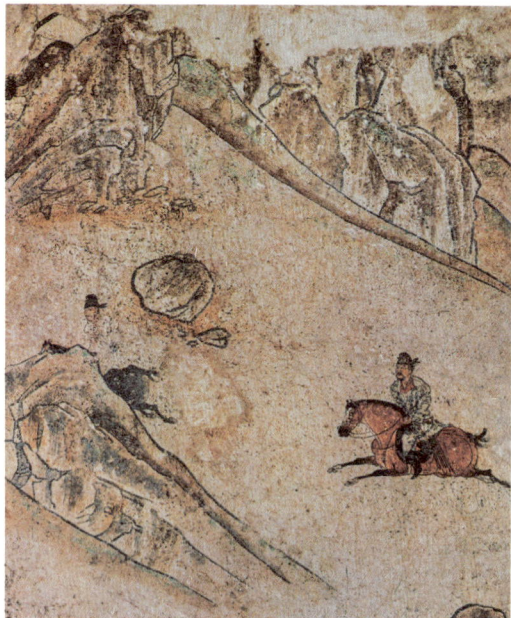

后主王衍还常常在帐幔里面打马球，他为了提高球艺，还将大臣、宫女组成男、女马球队，然后分别比赛，甚至还要进行男女混合的马球比赛。

对阵的一方是嫔妃和宫女组成的女子马球队，另一方则是皇帝和大臣们组成的男子队，王衍自任男子马球队的队长。

比赛安排在靠近内宫龙跃池的小球场进行。比赛前的准备工作很多，先是通知球队的大臣们进宫，然后宫人们在球场的画廊前为皇帝搭上休息用的帐篷。比赛尚未开始，乐队的管弦声已经奏响，这是鼓舞双方士气的前奏曲。接着皇帝在帐篷前钦点上场队员的名单。

按照唐代宫廷马球比赛的规矩，凡是有皇帝参加的比赛，头筹必须由皇帝来取得。前蜀国也沿袭了这一制度，因此宫女和嫔妃们组成的女子队是不能争夺头筹的。

比赛结束后，宫女们酌上一杯香醇的美酒后，皇上才宣布对获胜者进行赏赐。于是，马上的队员们都大声齐呼万岁，宫廷马球比赛就此结束了。

在宋代以后，马球越来越娱乐化了，虽然呈现出衰落之势，但毕竟还是改进了不少。北宋初期，宋太宗赵匡胤曾经命令有关官员研究并制定了马球比赛的一些改进规则。据《宋史·礼志》记载，宋代每年农历三月，于汴梁大明殿前举行马球比赛时，竖木为门，东西各设一间，高达三米多，柱顶刻着龙形花纹。然后由两人守门，两人持小红旗呼报进球得分。

在球场四周都有护卫，然后在球门的两旁，放置绣旗24面，并在大殿的东西阶下设上木架，每射中一球得一分，护卫便将小旗插入架中，等到最后散场时，人们以得旗多少来分出胜负。

关于参赛的人数的多少，据古籍中记载"止是二十来骑"来看，也就是双方各有十多人了。当一局结束后，胜者受赏，败者受罚，奖品多为纱罗、画扇之类的物品。后来，宋元时期的马球无论是球的制作，还是打法，都与前代不尽相同。以前球是一种拳头大小木质球，宋元时期则变为皮缝的软球子。

球杖也比以前的长，人们用长杖拖球或用杖弹打，使球子不落地，然后人们纵马驰至球门，击球入门。宋元时期马球的打法与以前朝代也不尽相同，因为场地窄长，每队参加人数也比较多。

开球的方式有时是将球放在场地中央，双方纵马从端线冲过来。有时是把球抛向空中，然后人们用球杆向球门打去。球杆形状也与以前不同。据宋代文学家孟元老的《东京梦华录》中记载，在宋徽宗时期，宋徽宗的贵妃崔修仪组建了一支女子马球队，并由她担任队长。

皇帝亲自为该队挑选人员，指导训练，一律仿男子装束，服饰华丽，马匹雄骏。比赛改用绿茵球场，宝津楼前草地平整宽阔，是汴京最好比赛场地。裁判当时叫作"球平"，当"球平"宣布比赛开始后，按例由皇帝开球。当皇帝骑上乌骓马上场时，教坊乐队奏起《凉州曲》。此时鼓钹齐鸣，很有角逐搏击气氛。

两队各有16人，甲队穿黄衣，乙队穿绿衣。人人摩拳擦掌，手持

木质彩画球杖，杖头形似月牙，这样便于铲球。内侍们跪着送上比赛用木球，球形大小如拳，用轻而韧的木料做成中空，表面涂上红漆。

开球后，骑手们身轻手捷，策马争击，球杖如残月翻舞，红球如流星迸飞。当球将近对方球门时，擂鼓声就加急，每当攻球入门时，杀鼓三通，呐喊声此起彼伏。胜者唱筹插旗，这表示已经得到一分了。

宋代以后，无论是中原地区，还是北方的少数民族地区，马球活动更为常见了。同时他们在一些球类用具上也进行了改革。

如以前的马球用球是一种拳头大小的木质球，而宋代则变为皮缝的软毬子。球杖也比以前的长，用长杖拖球，或用杖弹打，使其不落地，然后纵马驰至球门，击球入门。

据元人文人熊梦祥的《析津志》中记载：

> 一马前驰，掷大皮缝软毬子于地，群马争骤，各以长藤柄毬杖争接之。

这里的大皮缝软毬子，也就是牛皮马球，在牛皮里面填上一层毛发之类物质，成为软球。

其实，宋元时期帝王中也有不少是马球的爱好者。宋朝皇帝赵匡胤和赵光义以及宋徽宗赵佶都是球迷。宋徽宗还规定每年他的生日，文武百官祝寿后，内廷的球队要进行马球比赛，以饱他的眼福。

还有，辽代的帝王辽穆宗耶律璟不但经常在宫中打马球，而且还远去应州打马球，可见他球瘾之大。辽圣宗耶律隆绪在位前期，史书说他"击鞠无度"，这也说明他对马球已经着迷到不恰当的地步。

甚至后来谏议大夫马得臣，怕辽圣宗玩马球受伤和影响朝政，便冒死罪上书要他不要打马球，还惹得他很不高兴呢。

当然，金代也有一些球迷皇帝，金世宗完颜雍不但自己经常在常武殿里打马球，而且他还鼓励老百姓都打马球。还有金哀宗完颜守绪酷爱打马球。由于他的马球技术不高，他便请了一个叫撒合辇的人教他打，为此他还挨了他母后的一顿骂呢。

到了明代，每逢端午节和重阳节，皇太子和诸王在西华门内也举行马球比赛。不过可惜，到了明末，马球运动就逐渐失传了。我国马球的皇帝球迷也是历史悠久的，连皇帝都如此着迷，臣民们便可想而知了。

唐代以后的马球不仅仅是男人在玩，甚至女人也非常喜欢打马球。在五代时期，马球是宫女们的主要娱乐活动。五代时蜀国花蕊夫人的《宫词》中，就详细写到了宫女玩马球的情景，诗云：

自教宫娥学打球，玉鞍初跨柳腰柔。
上棚知是官家认，遍遍长赢第一筹。

这些诗句生动形象地描绘出了女子打马球时优美和活泼的姿势。

北宋时宫廷女子马球这一运动项目更是延续不断。宋徽宗赵佶在位期间，随着这位"百艺之王"的爱好和倡导，女子马球也有了惊人的发展。

据记载，盛行了千百年的马球活动，流传到明朝初期的时候，还时有开展呢。不过，从总体上看，这时的马球已呈现出衰落之势。

尤其是进入明代中叶以后，马球只是作为宫廷礼制或民间节日活动才得以延续，而且已经少见了。再后来，到了清代初期，马球这一颗在中华古文化史上放射了上下千余年异彩的明珠，终于熄灭了。

知识点滴

北宋宫廷女子马球队无论在乘骑上、服饰上都非常豪华，这时的球场也已铺上了草坪，成了绿茵场地。

这时还形成了宫廷女子马球队每年春天在金明池会演的定例。一年一度的春日，在位于东京城新郑门外金明池，进行百戏中的马球比赛、龙舟竞赛和夺标表演等。宫廷女子的马球比赛，便是其中一项最精彩的项目。